KB205773

나랑 하가 씨내려간 두 번째 이야기

지금을 살아내는 시편,

그리고

나의 노래.

아이네오

구약의 시편을 신약의 시편으로

기독교를 창시한 예수님은 훌륭한 시인이셨다.

마태복음 5장의 산상수훈 가운데 〈팔복〉은 한편의 멋진 시로서, 기독교인을 포함하여 많은 사람이 즐겨 암송하고 낭송한다.

요한복음 15장 1절 말씀을 보라.

"나는 참 포도나무요 아버지는 농부이시다."

이 얼마나 멋진 시구인가?

예수님은 설교를 하시되 심미적이고 은유적이고 상징적인 표현을 많이 하셨고, 특히 〈천국〉을 비유로 이야기를 하신바 예수님의 〈천국 비유〉는 멋진 시라고 해도 과언이 아니다.

우선 성경적 지식이 부족한 독자를 위해 시편(詩篇)에 대하여 약간의 이해를 돕고자 한다.

시편은 구약의 17번째 성경으로 150편의 시(詩)가 수록되어 있다.

시편은 기독교인은 물론 비기독교인들도 즐겨 읽으며 암송하고 낭송하는 시(詩)들이다.

시편에는 하나님을 찬양하거나 탄원하는 시가 많다.

여러 명의 기록자가 있다.

모세 1편, 다윗 73편, 레위인 아삽 12편, 고라 자손 11편, 솔로몬 3편, 헤만 1편, 에단 1편, 작가 미상이 48편이다.

이처럼 시편에는 다윗의 시가 절반을 차지하고 있다.
BC1,500년 - BC500년 간 쓰인 시(詩)의 고전(古典)인 것이다.

예수님께서도 제자들에게 말씀하시길, "모세의 율법과 선지자의 글과 시편(詩篇)에 나를 가리켜 기록된 모든 것이 이루어져야 하리라"(눅 24:44)고 하여, 시편이 예수 자신에 대하여 기록(예언)한 것이라고 하였다.
따라서 성경학자들은 시편이 '① 장차 오실 메시아 ② 참 목자이신 메시아 ③ 말씀이신 메시아 ④ 영광의 왕 메시아 ⑤ 수난당할 메시아를 노래하고 있다'고 주장한다.

2019년도부터 3년간 은퇴 목사로서 성남문예대학에서 시, 수필, 소설을 공부하였다.
2021년도에 계간지 〈한국작가〉 가을호에 詩로 등단하고 꾸준히 시를 쓰며 2022년 1월에 1호 시집 〈은하수〉를 발간하였다.

〈은하수〉에는 111편의 시 가운데 구약성경 시편 1편에서 14편까지 각색한 시가 수록되어 있으나 특별한 원칙이 없이 자유롭게 각색하였기에 무언가 아쉽고 부족함을 느꼈다.
마침 둘째 아들이 잠들기 전 온 가족이 시편을 묵상하고, 느낀 생각을 나누자는 의견에 따라 좋은 기회다 싶어 묵상하면서 말미에는 각자가 느낀 것을 시로 각색하여 발표하기로 하였다.

이후 필자는 나름대로 몇 가지 〈각색 원칙〉을 세워 150편 전체를 각색하였다.
　① 가급적 각 시편 원문의 주제를 살린다.
　② 원문에 충실하되 함축적으로 자유롭게 묘사하며, 한 편을 20행 내외로 한다.

③ 필요하면 각주에 원작자 이름과 당시 시인이 처한 상황이나 시대적 배경 등을 설명한다.

④ 국내외의 역사와 현실을 상징적으로 비유하여 자유롭게 묘사한다.

⑤ 구약성경 시편의 비밀인 신약성경의 메시아 예수, 성령, 교회, 복음, 구원 등을 도출 및 묘사하여 〈신약의 시편〉으로 승화시킨다.

⑥ 작가의 개성을 살려 창작 수준에 이르게 한다.

위와 같은 원칙으로 각색을 시도해 보았지만 여러 가지로 부족함이 많음을 느낀다.

다만 독자들도 구약 성경의 시편 원문을 읽고 묵상하면서, 한국적(?)이고, 신약적 시로 각색한 본 시(詩)와 비교해 보면 의미가 있고, 나아가 독자 나름대로 새롭게 시(詩)를 각색해 보면 좋을 것이라고 감히 제안해 본다.

한 가지 독자에게 양해를 구하고 싶은 것은 〈하나님의 詩〉란 제목이다.

우리는 성경을 〈하나님의 말씀〉이라고 한다.

그렇다면 시편을 〈하나님의 詩〉라 해도 틀린 말은 아닐 것이다.

끝으로 본 시에 대하여 비평과 해설을 해주신 한국목양문학 회장 전담양 목사님, 축사의 글을 써주신 예비역 해군 소장으로 詩人이신 오성규 장로님, 추천의 글을 써주신 전 해군 군종감 류효근 목사님, 부족한 시에 대하여 여러 가지로 조언해 주신 목사님들, 출판사 〈아이네오〉대표 나상만 목사님과 사모님께 하나님의 은혜가 가득하길 기도드린다.

특히 시편을 각색하도록 영감과 힘을 주신 하나님 아버지께 감사와 영광과 함께 삼가 본 시집을 〈신약의 시편〉으로 올리며, 본 시집 〈하나님의 시〉를 성서 위에, 그리고 사랑하는 이들과 아내와 아들들 곁에 놓아두고 싶다.

2023년 가을에 저자

〈하나님의 詩〉 발간을 축하드리며

오 성 규
(장로, 시인, 예비역 해군 소장)

먼저 나광화 시인(목사)의 두 번째 시집 〈하나님의 詩〉 상재
(上梓)를 진심으로 축하드립니다.

詩는 인류의 발생과 동시에 존재했다고 합니다.

이반 투르게네프는 '詩는 神의 말'이라고 하였으며 한자 '詩'자
를 풀어 써보면 언어를 모신 신전(神殿)이 되기도 합니다.

이 말들은 성경 말씀으로 그 뜻이 더욱 선명해집니다.

요한복음에 "태초에 말씀이 계시니라 이 말씀이 하나님과 함
께 계셨으니 이 말씀은 곧 하나님이시니라"고 되어 있으며,
창세기를 보면 하나님은 천지 만물을 말씀으로 창조하신 것
을 알 수 있습니다.

"빛이 있으라"

"해와 달과 별들이 있으라"

이 얼마나 멋진 하나님의 詩입니까?

나광화 시인은 나름 '각색 원칙'을 세워 구약의 시편 150편
전편(全篇)을 각색하였습니다.

시인은 고정관념을 버리고 늘 새롭고 모험적이며 상상력 넘치는 가능성들로 사물에 대한 새로운 해석을 보여주어야 하는 측면에서 〈하나님의 詩〉는 매우 의미 있는 성과라 할 것입니다.

시편에 대한 깊은 영적 묵상과 통찰력으로 구약시대의 믿음의 조상들의 삶에 역사하셨던 하나님이 지금도 살아 역사하고 계심과 예수 그리스도를 통한 구원의 약속과 또한 국내외의 역사와 사회현실을 상징적으로 비유하여 하나님의 섭리 가운데 소망을 잃지 않게 해주고 있습니다.

시의 소재들과 시어를 보면 어린아이와 같은 천진성과 순수함이 있고, 또한 따뜻한 사랑이 담겨있으며, 목회자로서 하나님 사랑과 나라 사랑을 몸소 실천하는 정신은 그의 시에 그대로 녹아있어 애국 시로서 '**신약의 시편**'이라 하기에 매우 적절하다는 생각이 듭니다.

근래에는 문학과 예술 분야에서 풍부한 소양과 재능으로 새로운 영지를 이루어 가고 있는데 그의 詩的 영지에서 나고 자랄 많은 생명체들의 하나님을 향한 빛나는 찬양이 더욱 기대됩니다.

신약의 시편으로 추천하며

류효근 목사
(24대 해군군종감, 예비역 대령, 순회군선교사)

해군사관생도 1학년 시절인 1975년 옥포만에서 기독생도회장 4학년 나광화 생도를 만났습니다.

그 생도는 그윽하고도 예리한 예수님의 엠블레포(εμβλεπω)의 눈빛 같은 기독도의 눈빛을 갖고 있었습니다.

3년이 지나 제가 기독생도회장이 되고 훗날 두 사람은 같은 교단의 목사가 됩니다.

To make a long story short 영어표현대로 짧게 줄이면 가히 섭리적 만남이었습니다.

Bottom(배 밑바닥)이 별명인 사관생도 1학년 박박 기던 시절, 위로와 격려를 보내준 신앙의 롤모델 나광화 생도!

우리는 각각 임관 후 총각 기독 장교 공동체인 손원일 선교센터에서 함께 기숙하며 해군 복음화를 위해 몸부림치며 뜨거운 브라더쉽 예수 사랑을 나누었습니다.

그렇게 예수 방향만 응시하고 살아온 긴 세월이 지나 나광화 생도는 주의 종으로, 시인으로, 작가로 영성 깊은 노년기를 보내며 내찰(內察 introspection)과 전망(展望 prospective)의 숙고를 통한 여타 작가와 색깔 다른 글쓰기 선수의 길을 걷고 있습니다.

시나리오 작품 및 수많은 영성 시를 세상에 선보인 나광화 시인의 이번 작품 '하나님의 詩'는 불변의 하나님 말씀인 텍스트 보배 알맹이를 보존함과 동시에 우리가 사는 시대의 컨텍스트 옷을 융합한 천재성과 이탈성(離脫性)을 공유한 작품이 아닐 수 없습니다.

시인은 시를 각색함에 있어 개혁주의 목회자로서 오직 성경(Sola Scriptura), 모두 성경(Tota Scriptura)의 그라운드를 벗어나지 않고 본의(本意)를 지키기 위해 부단히 애쓴 흔적 속에 삼위일체 하나님 중심의 오직 하나님께 영광(Soli Deo Gloria)의 특징이 있습니다.

동시에 이 작품은 대한민국 만세를 염원하는 애국 시라는 점과 우크라이나와 러시아 전쟁 같은 시대 상황을 통시적(通時的, diachronic), 공시적(共時的, synchronic)으로 풀어내며 종말론적 시각(eschatological perspective)에서 현대의 언어로 보정한 점에서 보는 이의 가슴을 꿈틀거리게 하는 21세기 오늘의 시편(Today's Psalms)이 아닐 수 없습니다.

따라서 〈신약의 시편〉이라 하겠습니다.

끝으로, 혹자가 무가감의 원칙을 벗어나 구약성경 시편을 난도질한 것으로 비판할 수 있는 기이한 각색 시임을 부인할 수 없습니다.

그러나 열매는 나무를 보면 알듯이 시인 나광화 나무는 성경을 성령의 감동으로 기록한 하나님의 책임을 100% 믿는 순진무구한 목사임을 수십 년 어깨 나란히 예수의 길(The Jesus Way)을 걸어온 후배로서 천명하며, 감히 독자들에게 이 특별한 각색 시편 요리를 통해 고전과 현대의 특별한 퓨전 맛을 체감하시길 바라고, 삼가 신약 성경의 시편으로 추천해 마지않습니다.

"내 눈을 열어서 주의 율법에서 놀라운 것을 보게 하소서"(시편 119:18)

차 례

제6부 │ 하나님께 영광 │ 123

제7부 │ 예수님만 바라라 │ 139

제8부 │ 천년왕국 │ 167

제1부 | 생사의 길목에서

- 의인과 악인
- 복(福) 있는 자
- 인자(人子)
- 악한 대적
- 사랑의 신
- 나의 왕께
- 생사의 길목에서
- 거지 왕
- 왕의 아들
- 기묘한 세상
- 세상 임금
- 영적 전쟁
- 거짓 세상
- 국난(國難)
- 개천절
- 성산에 들어가려면
- 부활
- 의인의 기도
- 여호와 하나님
- 복음의 능력

의인과 악인

양의 탈을 쓴
마귀가 속삭이네
나를 따르라

명예와 돈 여자와 아파트
원하는 모든 것 준다네

하늘에 귀 기울이며
성령의 음성을 듣네

먼저
하나님 나라와 그의
구하라 하네
그러면 만사형통하리라

옛 뱀의 말을 듣는 자
악한 자는
반드시 망하리라

※ 구약성경 시편 1편(작자 미상)의 주제를 살려. 자유롭게 각색하다.

복(福) 있는 자

악한 자는 돈 없다고 멀리하고
죄인들은 재수 없다 떠나고
교만한 자는 조잘조잘 코웃음치나
가난한 양(羊)은 유복(有福)하네
의인의 나라 소유하니 복되네

사랑의 법을 따르는 자는 복되다
춘하추동 열매를 맺고
잎사귀가 마르지 않고
만사가 형통하여
천년 왕국 누리니 복되네

살찐 염소는 복이 없네
악한 자들이 몰려오고
교만한 자 친구 되며
불태워져 잡아 먹히며
악인의 나라 소유하니 망했네

※ 구약성경 시편 1편(작자 미상)의 원문 주제를 살려
마태복음 5장 〈팔복〉과 25장 33절 〈양과 염소의 비유〉를 생각하며
자유롭게 묘사하다.

인자(人子)

사랑의 나라에
인자(人子) 계시네

동방의 세 나라
하나는 고대 앗수르
하나는 블레셋
하나는 이스라엘 닮아

때가 되매
사랑의 왕 대적하여
중상모략 꾸미네

창조주 진노하여
정의의 아들 보내어
박살을 내니

온 세상 두 손 들고
인자를 향해
머리 숙이며
만세 만세 만만세

※ 구약성경 시편 2편(작자 미상) 원문의 주제를 살려
동북아시아 정세를 생각하며 자유롭게 각색하다.

악한 대적

왕이 거짓을 일삼으니
백성들 따라 하네

곳곳에서 눈치채고
의인들 기 들고 일어나
정의와 공의를 외치니
백성들 호응하네

대적이 일어나
머리를 들고 달려드니
산에서 지존자(至尊者) 응하시네

공중권세 잡은 자들
핵 폭 위협해도
두렵지 않네

하늘에서 은혜의 비가
강같이 내리네

※ 구약성경 시편 3편(다윗의 시)은 왕자 압살롬의 반역을 피하여 다윗
   왕이 도망할 때에 지은 시이다. 세상의 악한 통치자들로 인하여
   백성들이 고통당하는 현실을 마음 아파하며 각색하다.

사랑의 신

지난날 돌아보니
내 멋대로 살았구나

영광을 올리지 못하고
헛된 일 좋아하고
거짓 일구었네

사랑의 신 진노하사
죄를 벌하시니
견딜 수 없어
약한 자 울며 회개 기도하네

그가 다시 은혜 베푸사
기도 들으시고
온갖 역경 이기게 하니
고통이 지나가네

그에게 나아가 감사하며
의의 제사 드리면
조용히 내 안에 좌정하사
기뻐하시네

※ 구약성경 시편 4편(다윗의 시)에서 다윗은
하나님 입장에서 인생의 헛됨을 설파하며
오직 하나님만을 의지하며 산제사 드릴 것을 권면한다.
※ 원문의 주제를 살려 평범하게 살아가는 성도의 인생을 묘사하여 보았다.

나의 왕께

나의 속마음 헤아리시는
나의 왕이시여

죄악과 교만
속이는 자를
미워하시나이다

매일 왕의 사랑을 힘입어
예배드리고
왕의 길을 가고자 하나이다

권좌에 앉은 자들
탐욕의 늪에서 헤엄치니
자기 꾀에 빠지게 하시며
악한 자리에서 쫓아내소서

오늘도 은혜를 베푸사
가난한 의인에게
복을 내리소서

※ 구약성경 시편 5편(다윗의 시)을 각색하다.
다윗은 세상이 악함을 보며,
자신은 하나님 앞에서 의롭게 살 것을 노래하고 있다.
※ 원문의 주제를 살려 함축적으로 각색하다.

생사의 길목에서

지나온 나날 더듬으니 허물뿐이네

왕의 진노와 징계로
뼈와 영혼이 떨리네

요나의 심정으로
음침한 사망의 늪에서 밤마다 울부짖으니
침대와 요가 눈물로 적시었네

설상가상 원수들 친 덫에 덮여
헐떡이며 간구하니 왕께서 들으시네

갑자기 하늘에서 천군 천사 나타나자
놀란 적들 혼비백산 산으로 도망하니

사람들 보고 노래하네
말세로다
꼴좋다 가관이로다

※ 구약성경 시편 6편(다윗의 시)의 원문에서 다윗은
자신이 대적들에 의해 거의 죽음 직전에 처해 있음에도
하나님께서 구해 주심을 믿고 기도한다.

※ 구약성경 〈요나서〉의 주인공 '요나'를 생각하며 각색하다.

거지 왕

온갖 기적을 행하는 왕께서
다 뚫어진 옷 입고 다니며

가난한 자 병든 자 돌보니
악한 자들 나타나
가난한 척 병든 척 접근하네

왕이 심망경(心望鏡)을 트니
저들의 검고 부패한 마음
낱낱이 보이네

악인들 거짓을 잉태하여
재앙을 낳아
그들 집에 가득하니

그제야 통곡하며 회개하나
義의 왕이 외면하네

※ 구약성경 시편 7편(다윗의 시)을 각색하다.
원문은 이스라엘 초대 왕 사울이 다윗을 죽이려 하자 다윗은 도망 다닌다.
의로운 제사장들이 그를 돕는데 사울 왕이 알고 그들을 처형하니
다윗이 울며 하나님께 하소연하는 시이다.

※ 의로운 거지왕을 사악한 사울왕에 비유하여 각색하다.

왕의 아들

하늘 영광의 옷을 입고
왕의 아들이 오시네

어린아이들 뛰어나와
환영하며 노래하니

악의 세력들
혼비백산 도망하네

달과 별들이
하늘에서 춤추고
새들이 공중에서 공연하고
물고기가 바다에서
삼삼오오 행진하는데

왕의 백성들
기쁨으로 아들 맞으며
정중히 머리 숙이네

※ 구약성경 시편 8편(다윗의 시)을 각색하다.
다윗은 아름다운 자연과 존귀한 인간을 만드신
창조주의 위대함을 노래한다.

※ 원문을 생각하며 메시아적 메타포가 담긴 함축적인 시로 묘사해 보았다.

기묘한 세상

악한 자들이 갑자기 망하네
거대한 땅이 사라졌네

왕이 보좌에 앉아
공의로 세계 만민을 심판하며
의롭고 가난한 자들
사망의 문에서 구하시네

지나 한가운데
검은 핵 폭발하니
자업자득이네

전능자 떠난 악한 자들
심판받아 땅속에 갇히는데

가난한 자들 기뻐하며
왕을 노래하는데
악한 자 후회하나 허사일세

※ 구약성경 시편 9편(다윗의 시)을 각색하다.
원문은 하나님께서 공의로 세상을 심판하며 의로운 자는 구원하고
악한 자는 망하게 한다고 노래한다.
히브리어 알파벳순으로 쓴 답관체(畓冠體)의 시이다.
※ 오늘날 공산 독재의 악한 나라들이 존재함을 시로 옮겨 보았다.

※ 지나: 공산 독재를 일삼는 악한 나라들을 상징한다.

세상 임금

가련한 세상 임금
하늘 임금 무시하고 죄악 일삼으니
동류들 덩달아 난리네

나라에 정의와 공의는 간데없고
내로남불 거짓과 조작으로
은밀히 의로운 자 죽이려 하네

더불어 함정 파고
의로운 자 빠지게 하여
흙 덮으며 모른 체하네

라마 하늘 임금 아시고
악한 자의 팔을 꺾으시니
지나와 땅 끝까지 미치네

말세로다
세상 임금 두 손 들고 회개하나
백성들 외면하네

※ 구약성경 시편 10편(작자 미상)의 원문은 하나님께서 악한 자에게
압제당하는 의로운 가난한 자들을 도우시고 악한 자들을 징벌하실 것을
호소한다. 시편 9편과 같이 답관체의 시이다.
※ 세상 통치자들의 악함을 비유적이며 답관체 형식으로 각색하다.
※ 라마: 히브리어로 '어찌하여'의 뜻

영적 전쟁

원수들 공격 감행하니
친구들 산으로 도망하며
가자고 하네

갑자기 총탄 날라 오고
성터 무너지니
친구들 아비규환이네

전능자
하늘 보좌에서 보시고
의인들 감싸시니

악한 원수들
그물에 걸려 넘어지고
화풍(불바람)이 찻잔에 가득한데

의롭고 정직한 자
전능자 얼굴 보고
기뻐하네

※ 시편 11편(다윗의 시)의 원문의 배경은 젊은 다윗이 사울왕의 추적을
  피하여 다닐 때로 추정되며, 피난처이신 하나님을 노래한다.
  ※ 원문에 가깝게 함축하여 각색하다

거짓 세상

세상이 악한 자들로
가득하다

거짓이 판치고
아첨하는 입술
두 마음 인생들

그 누가 알겠는가
감쪽같은 거짓말을

하늘에서
전능 왕 보시고
저들의 혀를 뽑으시니

고통 속에 눈물 쏟는데
흙수저들 보고
멋모르고
박수하네

※ 시편 12편(다윗의 시)을 각색함.
다윗은 악이 횡행하는 부도덕한 사회를 고발한다.

※ 부정부패가 난무하는 나라의 현실을 비유하여 시로 옮겼다.

국난(國難)

하늘에서 들려 오네
나라가 병들어 죽게 되었네

금을 모으며 가마니에 넣는 자들
빌딩에 올라 황금 차 자랑하는 자들
다이아 머리한 여인들
쓰레기 줍다 하늘 보며 거리에 누운 자들
마약과 술에 취해 헐렁대는 자들
도박에 취해 가정 버린 자들
아마샤 판에 무니가 박수하니※
사망의 계곡에서 송장들이 일어나네

땅이 분을 내니 기름진 땅 사막 되고
강이 사라지고 골짜기 물 마르나
무지한 개돼지들만
길에서 날뛰다 누워 자네

※ 구약성경 시편 13편(다윗의 시)을 각색하다. 원문의 배경은 다윗이 청년
    시절 사울 왕을 피하여 다닐 때의 고통을 노래한 것으로 보임.

※ 국가의 통치자가 惡하여 나라를 정의롭게 잘 다스리지 못하면 나라가
    쉽게 무너지는 것을 마음 아파하며 자유롭게 시로 묘사함.

※ 아마샤 / 정의의 선지자 아모스와 대비되는 이스라엘 왕궁의 선지자
    무니 / 구약성경 이사야서에 나오는 운명의 신

개천절

사랑의 신 하늘 여시고
백두에서 한라까지 백성들 기르시나

무지한 자들 죄악 행하며 자녀들 삼키고
부정부패 난무하며 선행하는 자 없네

사랑의 왕 오시니
의인들 나와 맞으며
가난한 자들 피난처 되네

악한 자 두려워하며 어둠 속 헤매는데
의로운 자 노래하며 기뻐하네

아아 자유 대한이여
공의와 정의가 강같이 흐르거라

※ 시편 14편(다윗의 시)을 각색하다.
무신론적 사회의 비윤리성을 고발한다.

2021년 개천절에 부정부패가 심한 조국의 현실을 보며
자유롭게 시로 옮김.

성산에 들어가려면

한 젊은이가 시온성을 향해
길을 떠났다

한참을 가는데
반대쪽에서 노인이 오고 있었다

예를 갖추어 인사하며 물었다
성산에 들어 가려면
자격이 필요한지요

그가 대답했다
혀에 재갈을 물려야 하고
망령된 자를 살필 줄 알며
돈을 잘 쓰는 정직한 자죠

젊은이는
시온성 문 앞에 이르러
돌을 집어 입에 넣고
치매에 걸린 노인에게
돈을 주었다

그러자 곧 문이 열렸다

※ 구약성경 시편 15편(다윗의 시)을 각색하다.
※ 원문에 충실하여 성산에 오르는 자의 자격에 대하여 비유적으로 시를 쓰다.

부활

태양이 떠오르네
시온산 제단 위에
어린 양 비단잉어※
불에 타며 하늘로
하늘하늘 오르네

유순한 어린 양
기쁨으로 죽음을 맞고
삼 일 후 일어났네

지존자 약속했네
내 안에 있는 자
죽지 아니하리
죽어도 다시 살아
영생하리

오늘도 그 안에서
한 길 한 길
생명의 길 가니
기쁨이 솟아나네

※ 구약성경 시편 16편(다윗의 시)을 각색하다.
※ 시편 16편 10-11절 중 "주의 거룩한 자를 멸망시키지 않을 것입니다."
　　　　"주께서 생명의 길을 내게 보이시리니" 를 중심으로
　　　　〈부활〉을 노래하여 보았다.
※ 2022년 4월 17일 부활주일을 기념하여 쓰다.

의인의 기도

하나님 거짓 없이 호소합니다
나를 판단하사 공평한지 살피소서
밤에 오셔서 나를 시험하셨으나
흠을 찾지 못하셨어요

입으로 범죄치 아니하고
늘 주님의 말씀을 지켜
악인의 길을 가지 아니하고
주님의 길을 굳게 지켰어요

이 땅에 사는 악한 자들
마음은 기름에 잠기고 교만하여
의인의 가는 길을 방해하고
굶주린 사자처럼 덤비죠

도적질한 재물을 쌓아놓고
자녀들에게 물려주는 자들이니
나의 영혼을 구원하사
의로운 중에 주의 얼굴 뵈오리다

※ 시편 17편(다윗의 기도시)을 각색하다.
　　원문에 가깝게 함축하여 시로 옮겼다.

여호와 하나님

반석이시요 요새이시며
건지시는 이시요 방패이시며
구원의 뿔이시요 산성이시니
나의 힘이시요 사랑이시라

원수들이 사망의 줄로 묶고
지옥의 줄로 얽어 매여
고통 중에 부르짖으니
귀로 들으시고 진노하시네

땅이 진동하고 산들이 요동하는데
천만 천사들의 호위 하에
하늘을 드리우고 강림하시니
물과 구름의 장막이 검게 가리네

빛으로 말미암아 구름이 지나며
우렛소리를 내시며
우박과 숯불을 내리시네

> ※ 시편 18편(다윗의 시)을 원문에 충실하여 함축적으로 각색하다.
> 원문 표제는 〈여호와의 종 다윗의 시.
> 여호와께서 다윗을 그 모든 원수들의 손에서와
> 사울의 손에서 건져주신 날에 다윗이 이 노래의 말로
> 여호와께 아뢰어 이르되〉이다.

복음의 능력

해가 달에게 웃으며 인사하니
하늘이 열리며 주님 영광 보인다
개미 소리도 없는데
바람과 함께 성령의 소리가 온 세상에 퍼진다
맑은 하늘에 세워지는 구름의 장막
빛나는 태양을 덮으며
할렐루야 주님을 찬양하니
소리 없이 가며 온 땅을 덥힌다

성령께서 만백성들에게 가르치시니
말씀이 영혼을 깨우친다
바보가 영특해지고
정직한 마음에 기쁨이 솟으며 순결하여 눈이 빛난다
십자가 복음의 능력이 나타나
생명이 소성하고 의롭게 되니
만백성이 흠모한다

악한 자도 경고를 받고
허믈을 깨닫고 죄를 멀리하니
의롭고 선하게 된다
그가 기뻐 노래하는데
반석이요 구속자이신 여호와여
마음의 묵상이 열납되게 하시니
영원히 감사 찬양합니다

※ 시편 19편(다윗의 시)을 원문에 충실하여 현실에 비유하여 각색하다.

하루를 시작하는 기도

주님, 오늘 하루도
의인의 삶을 살아갈 저에게 복을 주소서.
주님의 사랑으로 감싸주시며
방패같이 저를 악으로부터 지켜 주소서.

"여호와여
주는 의인에게 복을 주시고
방패로 함 같이
은혜로 그를 호위하시리이다."
(시 5:12)

형제여 자매여!

주님께서 일찍이
우리에게 성령세례를 주셨어요

환난 날에 주께서 우리 기도를 들으시고
우리를 강건하게 세우시며
교회에서 우리를 돕고
우리가 가는 곳에서 우리를 붙드사
우리의 산 제물을 기억하고 받으셔요

주님께 우리의 모든 소원과 계획을 아뢰니
그가 이루시고 기뻐하시며
우리들은 그 승리를 인하여 개가를 부르며
주님의 교회의 이름으로 깃발을 세워요

여호와는 늘 우리와 함께하사 도우시니
오른손으로 능력을 베푸셔요
세상 사람들은 돈과 권력을 의지하나
우리는 여호와 하나님만 자랑하리니
저들은 쓰러지고 우리는 굳게 서요

형제여 주님께서 주신 성령의 검으로
온 세상에 하나님 나라와 그 의를 이뤄요

※ 시편 20편(다윗의 시)을
원문에 충실하여 신약적으로 각색하다.

의로운 왕

주여
내가 들에서 방황할 때
당신은 나를 부르시고 구원하사
믿음을 주시며
마음의 소원을 들어주사
마침내 순금의 관을 씌우시며
존귀와 위엄의 옷을 입히시어
주 앞에서 기쁘고 즐겁게 하셨습니다

주여
내가 오직 주님을 믿고 의지하오니
언제 어디서나 흔들리지 아니함은
세상을 어지럽히는 악한 자들을
의로운 왕께서 물리치시고
그의 자손들을 멸하시기 때문입니다

주여
악한 자들이 깨닫고
돌아오지 못하게 하시고
저들에게 활시위를 당기시어
끝장내사
의로운 자들의 찬송을 받으소서

※ 시편 21편(다윗의 시)의 원문에 충실하고
예수 그리스도를 생각하며 자유롭게 각색하다

버림받은 자

주여 어찌하여 나를 버리셨나요
밤낮으로 부르짖으나 잠잠하시니
믿음의 조상들이 부르짖을 때는
저들을 구원하셨지요

나는 벌레보다 못한 자요
뭇 사람들의 조롱이 비방이 들리고
나를 보면 손가락질하며 껄껄하니
견딜 수 없어 눈물로 지내지요

모태에서부터 나를 아신 주여
날 때부터 주께 맡긴 바 되었지요
굶주린 검은 개들이 나를 둘러 노려보니
어찌 나를 죽음의 늪에 빠지게 하셨는지요

사나운 개들이 나의 옷을 서로 물어뜯는데
돌아보시고 나의 생명을 구해 주셔요
나의 힘이시여 속히 구해 주셔요
주님은 나를 사막의 벼랑 끝에서 구하셨어요

주의 이름을 온 세상에 선포하였으니
전 세계 모든 나라 모든 족속이 경배하지요
세계는 여호와 하나님의 것이요
주는 영원히 세계의 왕이셔요

※ 시편 22편(다윗의 시)을 원문에 충실하여
예수 그리스도의 고난을 생각하며 함축하여 각색하다

사랑의 목자

여호와는 나의 목자이시니
내게 부족함이 없어요

나를 푸른 풀밭에 누이시고
쉴만한 물가로 인도하셔요

성령을 부으사 내 영혼을 새롭게 하시고
그의 이름을 위하여 의의 길로 인도하시니
사망의 음침한 골짜기를 다녀도
두렵지 않아요

지팡이와 막대기로 보호해 주시고
원수 앞에서 만찬을 베푸시며
천국 일꾼 삼으시니 너무 기뻐요

아버지의 무한한 사랑 속에
아버지의 집에 성도들과 함께 살며
맡겨주신 일을 성실히 잘해요

※ 너무나 유명한 시편 23편(다윗의 시)을
원문에 충실하여
자유롭고 평이하게 각색하다.

영광의 문

온 땅과 세계와 사람이 다 여호와 하나님의 것이니
그가 그 터를 바다와 강 위에 세우셨다

누가 하나님의 산에 오르며 거룩한 산에 오를까
손이 깨끗하며
마음이 청결하며
뜻을 허탄한 곳에 두지 아니하는
정직한 자이니

저들이 주님께 복을 받고
구원의 하나님께 의를 얻으며
여호와를 찾는 민족으로
예수 그리스도를 믿어 하나님께 나오는 자들이다

영광의 문이 열렸다
영광의 왕 예수께서 십자가에서 죽고
부활 승천하여 하늘 문을 활짝 여셨으니
믿는 자들이 다 그 문으로 들어가리라

이제 마지막 때이니
세상 모든 민족은 주 예수께 오라
그는 영광의 왕이니
오늘도 영광의 문에서 기다리신다

※ 시편 24편(다윗의 시)을
원문에 충실하여 자유롭게 현실(신약)에 비유하여 각색하다.

약한 자의 기도

주님을 바라봅니다
평생을 믿음으로 살며 주의 도를 지키려고 하였으니
믿음 없는 자들이 감히 근접치 못하게 하시며
내 발을 함정에서 벗어나게 하소서

종일 구원의 하나님을 기다리오니
이제 오사 진리로 채우사 인자와 긍휼을 베푸소서
젊은 시절의 죄와 허물을 기억하지 마소서

온유한 마음을 주사 정의로 지도하시고
주의 말씀과 증거를 지키게 하시며
주의 이름을 위하여 나의 죄악을 사하소서

주님을 경외하오니
나의 갈 길을 가르치시고 평강을 주시며
떠나가지 마시고 가까이 하사
후손들에게 기업을 넘치게 주소서

주여 은혜를 베푸사
고독과 괴롬과 근심을 떠나게 하시며
죄를 회개하오니 고난에서 구하시고
조국 대한민국을 모든 죄에서 속량하소서

※ 시편 26편(다윗의 시)을
원문에 충실하고 현실에 비유하여 함축적으로 각색하다.

보호하시네

주님
당신은 빛이시요 구원이시며
생명의 능력이시니
그 누구도 두렵거나 무섭지 않아요

사악한 공산군이 둘러싸며 공격해도
두렵지 않고 태연하니
저들이 내 앞에서 넘어졌어요

나의 기도 한 가지는
주님의 피로 세우신 교회에서 살며
평생에 아버지 하나님을 바라보는 거예요

환란 중에 우크라를 지키시고
러시아 머리 위에 저를 세우시니
온 땅의 교회가 주님을 찬양해요

주님
세상 곳곳에서 부르짖는 외침을 들으시고
긍휼히 여기시며
주님이 친히 가셔서 도우셔요

나의 생명의 주인이시니
진리의 말씀 따라 강하고 담대한 믿음으로
영원토록 진실히 섬겨요

※ 시편 27편 (다윗의 시)의 원문에 충실하고
피난처인 교회에 비유하여 자유롭게 각색하다.

함께하시네

주님
나의 바위이시여
부르짖고 부르짖나이다
하늘을 우러러 두 손 들고 부르짖나이다

거짓과 조작
위선과 사기
중상모략
악을 행하는 힘센 자들

저들이 화평을 떠들어 대는데
속은 기생충이 득실거리니
마땅히 받을 것으로 갚으시고
저들의 견고한 진지를 무참히 파괴하소서

나의 부르짖음을 들으시니
감사 찬송 드립니다

나의 힘 나의 방패이시여
주의 성령이 임하며
새 노래로 기쁨이 넘쳐 찬송하오니
기뻐 받으소서

선한 목자 전능의 하나님
영원토록 함께 하시리

※ 시편 28편(다윗의 시)을
원문에 충실하고 현실에 비유하여 자유롭게 각색하다.

하나님의 소리

맑은 하늘에 하나님의 영광이 나타나며
천군 천사들의 노래 들려요
사랑 교회 성도들의 찬양 들려요

콰♪앙 콰♪앙 쾅
하늘에서
하나님의 소리 들려요

광풍이 일며 무너지는 아파트들
회오리치며 날아가요

번개가 일며
광야가 화염으로 가득하고
세상을 덮은 황색 먼지들
곳곳에서 터지는 소리들
여인이 낙태하고
녹음 짙은 큰 산이 불타니
성도들이 하나님의 영광이라 해요

하나님이 왕좌에 앉으사
백성들에게 힘을 주시고
평강의 복을 주셔요

※ 시편 29편(다윗의 시)을
원문에 충실하고 자유롭게 현실에 비유하여 각색하다.

기뻐 춤추며

아버지 감사합니다
내가 실족하여 고통 가운데 있었으나
내가 부르짖으매
발을 깨끗이 낫게 하시고
내 영혼을 스올의 늪에서 살리셨습니다

성도들이 함께
아버지의 긍휼과 자비를 찬양하오니
노염은 잠깐이고 은총은 영원하며
저녁에 울어도 아침엔 기뻐하고
형통하게 하시니 흔들리지 않습니다

아버지의 얼굴을 보게 하사
늘 기쁘게 하시고
산 같이 굳게 세우소서

아버지의 아들이 십자가에서 죽으사
무덤에 갇혔으나 살리시고
하늘로 올리우셨으니
믿는 자들이 기뻐 춤을 추나이다
아버지의 뜻대로 생명나무 열매를 먹나이다

※ 시편 30편(다윗의 시)을
원문에 충실하고 자유롭게 십자가 복음을 생각하며 각색하다.

조국을 위하여

사랑의 주님
우리 조국이 주님의 은혜로 해방되었으나
공산당 괴수 김가 군대 남침으로
수많은 사람이 목숨을 잃고
남북으로 나누이고
북한 세습 독재자의 남한에 대한 그람시 계략으로
지난 칠십여 년 동안 남한을 빨갛게 물들여
정치 언론 종교 문화 교육 경찰 군대 학교 기업
모든 분야에 위기 경고등이 켜졌습니다
어리석은 세 사람이 국민을 속이고
북한의 김 부자 삼대에 동조하여
오늘날 국난이 계속 됩니다

사랑의 주님
조국 대한에 십자가 복음이 들어온 지 어언 150년
마을마다 교회와 십자가가 세워지고
온 세상에 복음을 전하는 나라가 되었는데
마귀 앞잡이들이 득실대어 나라를 어지럽히니
저들을 심판하사 물리쳐 지옥으로 보내소서
돌아보니 작금은 해방 직후 정세와 같은데
아버지의 손을 굳게 잡은 우남을 세우셨으니
이제도 은혜를 베푸사 그리하소서
조국의 앞날이 주님의 손에 있사오니
사악한 공산주의자들의 계략에서 건지소서
여호와를 사랑하는 자들아 강하고 담대하라

※ 시편 31편(다윗의 시)을 원문의 주제를 생각하며
자유롭게 해방 직후와 작금의 정치 상황을 비유하여 각색하다.

주님은 길이시니

인생의 설계자이신
하나님 아버지

지난날을 돌아보니
내 멋대로 살아온 것 같지만
곰곰이 생각해 보면
아버지께서 인도하셨음을 고백합니다

허물 많고 죄 많으나
예수 믿고 깨끗이 용서 받으며
선악과로 유혹하는 마귀를 물리쳐 이기게 하시니
이제 십자가의 능력을 믿습니다

주님은 길이시니
때로는 조용히
때로는 힘있게
한 걸음 한 걸음 따르리이다

※ 시편 32편(다윗의 시) 원문의 주제를 살리고
현실에 비유하여 각색하다

의인들아

너희는 정직하니 여호와 하나님을 찬양하라
온갖 악기로 주님을 연주하라

그는 정의와 공의로 사랑하시며
인자하심이 충만하시도다

그는 말씀으로 우주 만물을 만드시고
바닷물을 곳간에 두셨으니 오직 그를 경외하라

그는 各國의 계획을 폐하시고
민족의 사상을 무효케 하시니
그의 생각과 계획만이 영원하도다

여호와 하나님의 뜻을 알지니
말세에 예수 그리스도를 기업으로 택하고
성부 성자 성령과 하나 되는 것이라

많은 군대도 나라를 구원하지 못하니
美●中의 미사일도 핵(核)도 아니요
여호와 하나님만이 구원자이시라

오직 여호와 하나님을 바라라
그를 즐거워하라
그는 영원히 사랑이시라

※ 시편 33편(작자미상)의
원문에 충실하고 현실에 비유하여 자유롭게 각색하다.

자상하심

우리 모두 주님을 항상 찬양해요
그를 자랑하고 이름을 높여요

우리의 기도를 들으셨고 또 들으실 거예요
특히 곤고할 때 환난 중에
천사를 보내서 도우실 거에요

그는 선하셔서 우리를 늘 기다리고 계셔요
그분에게 가면 좋은 것이 가득해요
소곤소곤 짠한 얘기도 들려주세요

그분이 원하는 것은 간단해요
악(惡)을 싫어하고 거짓을 싫어하세요
선하시니 선을 원하셔요

그분의 얼굴 특히 눈에 나타나요
마음 상하거나 악을 행하여 마음 아플 때
만나러 가세요

십자가에서 아들의 뼈를 온전케 하셨죠
그의 종들의 영혼도 보존하시고
그에게 가까이 하는 자를 영원히 사랑하세요

※ 시편 34편(다윗의 시)을
원문에 충실하여 새롭게 함축적으로 각색하다.

행악자(行惡者)를 위한 기도

주님
악한 자들이 나를 치오니
저들과 싸우소서

주는 방패이시며 손 방패이시니
저들을 막으시며
겨가 되어 바람에 날리게 하시고
천사를 보내 어둡고 험악한 산길로 쫓으사
자기 그물에 걸리게 하셔서
내 몸의 뼈들이 춤추게 하소서

주님
악한 자들이 선을 악으로 갚지만
그들을 위해 금식하며 기도하고
형제와 친구같이 여기나이다

내가 넘어질 때 저들은 조롱하며 기뻐하지만
오직 주님을 믿음으로 바라보니
주님은 나의 도움이시기 때문입니다

주님
의로운 자들의 메시아 대망 성회를 기억하소서
악한 자들이 크게 훼방하며 껄껄 하는데
저들의 입을 통해 주님을 찬양하게 하소서
내가 종일 거룩하신 주님을 찬양합니다

※ 시편 35편(다윗의 시)을
원문에 충실하여 자유롭게 현실에 비유하여 각색하다

악(惡)을 제하소서

아아 나의 마음의 악함이여
원하는 바 선은 행하지 아니하고
원하지 않는 악을 행하는구나

나의 혀와 손이 악을 행하니
침상에서 다 드러나는데 누가 속으랴
어쩔 수 없이 나목(裸木)이라

하나님의 자비는 큰 산과 같아
언제나 사람과 짐승을 보호하시니
자연히 험한 세상에서 그에게 가면
그의 복락이 강물 같구나

내가 정직하리라
생명의 근원이 그에게 있으니
그의 빛 안에서
빛을 따라 살리라

악한 자들이 가까이하지 못함이여
오다가 쓰러지던가 엎드러져
일어나지 못하네
주님 이 땅에서 악(惡)을 제하소서

※ 시편 36편(다윗의 시)을
원문에 충실하여 함축적으로 자유롭게 각색하다

내 영혼아

내 영혼아
악인의 형통을 시기하지 말지니
그 꽃이 곧 시듦이라

오직 여호와를 신뢰하고 의지하라
그 안에 평안이 있으니
그는 일용할 양식이라

너의 길을 그에게 맡기라
그가 이루시되
네 의를 빛같이 하시리라

그 앞에 잠잠하고 참고 기다리라
악한 자의 형통을 불평하지 말라
악을 행하는 자는 망하리라

악한 자가 의인을 미워하여
그가 칼로 의인을 찌르나
오히려 그 칼이 자기의 양심을 베리라

의인이 넘어지나 여호와께서 그의 손을 붙드심은
그가 종일 은혜를 베풀기 때문이니
그가 땅을 차지하며 거기서 영원히 살리라

내 영혼아
지혜를 구하고 정의를 말하라
여호와께서 반드시 너를 도우시리라

※ 시편 37편(다윗의 시)을
원문에 충실하고 함축적으로 자유롭게 각색하다

최악의 고통 속에서

주님
주의 화살이 찌르고 주의 손이 누르시니
내 살은 성한 곳이 없고
나의 죄로 말미암아 평안이 없으니
내 인생에 이런 고통은 처음입니다
내 죄악이 너무 무거워 감당할 수 없나이다
상처는 썩어 냄새가 나며
중병으로 다닐 수가 없고
몸은 성한 곳이 없어 신음합니다

주님 앞에 탄식하며 아룁니다
기력이 쇠하고 눈빛도 떠났습니다
사랑하는 자녀와 친구들도 떠나고
고부라진 여인만이 곁에서 슬퍼하며 웁니다
악한 자들이 나를 비웃고 조롱하나
이젠 잠잠할 뿐입니다

오직 주님을 바라오니 응답하소서
악한 자들이 교만하지 못하게 하소서
저들은 선을 악으로 대하나
나는 저들을 선으로 대하나이다
내 죄악을 고백하고 슬퍼하오니
주 여호와여 나를 버리지 마소서
나의 구원이시여
속히 나를 도우소서

※ 시편 38편(다윗의 기념 시)의 원문에 충실하여 중병 등 감당키 어려움에
　　 시달리는 사람의 고통을 자유롭게 묘사하여 각색하다

주님과 동행하는 나그네 인생

악한 자가 앞에서 욕을 해대지만
꾹 참고 있습니다
속에서는 울화가 오르지만
감정을 억제하며 마음으로 기도합니다

주님 저는 연약합니다
내가 언제까지 이렇게 살 수 있나요
나의 날은 한 뼘 길이요
인생 백년이 주님 앞에는 그림자입니다
청년의 때도 순간인데
소란하며 헛된 일로 재물을 쌓으나
끝에는 누가 거둘지 모두가 헛일입니다

나의 소망은 주님뿐이오니
나를 모든 죄악 속에서 구하시고
우매한 자에게 욕을 당하지 않게 하시며
징벌도 거두소서
주의 손이 치시매 쇠망합니다

죄지은 자를 징계하사
누리던 영화를 소멸하시니 인생이 허무합니다
눈물로 기도하오니 응답하소서
나를 용서하시고 건강을 주소서
나는 주님과 동행하는 나그네입니다

※ 시편 39편(다윗의 시)을
원문에 충실하여 자유롭게 각색하다

기다리고 기다렸더니

주님
내 입을 크게 벌려 찬양합니다

기다리고 기다렸더니
내 기도를 들으사
수백 길 낭떠러지와 수렁에서 건지시고
반석 위에 세우셨나이다

평생에 행하신 기적이 셀 수 없는데
널리 이웃들에게 의(義)의 기쁜 소식을 전하며
주님의 공의와 성실과 구원과 인자와 진리를
담대히 선포하겠나이다

주님은 제사와 예물을 기뻐하지 아니하시고
번제와 속죄제를 원하지 아니하시며
주님의 뜻대로 행하기를 기뻐하시나이다

주님 긍휼을 나타내소서
재앙이 나를 둘러싸고 머리털보다 많은 죄악이 덮쳐
깊은 수렁 속에서 신음하오니 속히 나를 도우소서
악한 자들이 내 생명을 해하려 하오니
저들의 간계를 허무시고 수치를 당하게 하소서
심령이 가난하고 궁핍하오니
위대하신 나의 여호와 하나님이시여
구원을 기쁨 중에 기다리고 기다리나이다

※ 시편 40편(다윗의 시)을
원문에 충실하여 자유롭게 함축적으로 각색하다.

기쁨

여호와를 기뻐하라
그가 네 마음의 소원을
네게 이루어 주시리로다
네 길을 여호와께 맡기라
그를 의지하면
그가 이루시고
네 의를 빛 같이
나타내시며
네 공의를 정오의
빛 같이 하시리로다

시편 37:4-6

제3부 | 거룩하게 하소서!

복 있는 자

가난한 자를 돕는 자는 복되다
주님이 재앙의 날에 그를 돕고 지키사
세상에서 복을 누리니
원수들 앞에서 상을 베푸신다
중한 병중에 붙드사 치료하시며
죄를 고백하면 사해 주신다

주위에 악한 자들이 모여 악담하며
내가 죽기를 바라고
간교한 입술로 동네방네 다니며
거짓을 유포하며
하나같이 눈짓하며 낄낄대며
죽을병이 들렸다고 서로 기뻐한다

가까운 친구도 발꿈치를 드니
주님께서 나를 기뻐하사
온전한 중에 붙들어 주시고
저들을 물리치시고 말씀하시네
내가 너를 거룩하게 하노라
너는 복 있는 자라

※ 시편 41편(다윗의 시)을
원문에 충실하여 자유롭게 각색하다

성령을 갈망하네

주님
사슴이 시냇물 찾듯이
다시 한번 소나기 성령을 갈망하며
함께 살기를 기도합니다

사람들이 돈과 명예를 좇으며
주님을 멸시하니
마음이 아픕니다

저들과 함께 교회를 나가
예배를 드렸으나
다시 어둠의 세상으로 갔습니다

믿음으로 주님께 소망을 둡니다
주님은 구원이시니
때가 되면 저들을 부르시리이다

내 영혼이 주님을 기억합니다
빼곡한 아파트 숲을 걸을 때
폭우를 내리며 외치셨습니다

네가 갈망하는 성령을 주리라
반드시 이슬 같은 성령을 주리라
반드시 네 기도를 응답해 주리라

불신하던 자들이 돌아와
너와같이 성령을 갈망하리니
내가 값없이 부어 주리라

※ 시편 42편 (고라 자손의 시)을
원문을 생각하며 현실에 비유하여 자유롭게 각색하다

거룩하게 하소서

사랑의 주님

나라 곳곳에서
정의의 용사들의 울부짖는 소리
들리시지요

사악한 자들로 인하여
나라의 근본이 무너지는 소리
들리시지요

그 이면에는 무엇이 있는지
아시지요
맘몬과 권력입니다

정의의 권좌도 무너졌지요
나라를 지탱하던 한 장의 정의가
더럽혀졌지요

이슬 같은 성령을 부으소서
부패한 세상에 물들지 않으며
거룩하게 하소서

※ 시편 43편(고라 자손의 시 추정)을 현실에 비유하여 새롭게 각색하다

조국 통일

주님께서 세우사
반만년의 역사를 이어온 동방의 나라
고조선 – 발해 – 고구려 백제 신라 – 고려 – 조선
지금은 비록 작지만 꿈은 큰 나라
자유 대한민국

때가 되매
하나님의 뜻을 이루기 위하여
서방의 선교사들을 보내어 교회를 세우시고
예수 그리스도의 복음으로 새롭게 세우신 나라
자유 대한민국

언제까지 용(龍)이 세상을 어지럽게 하시겠나요
나라를 남북으로 나누사
북은 공산주의로 자유가 없는 조선이요
남은 민주주의로 자유가 넘치는 대한이니
하나님의 비밀을 밝히소서

통일된 자유 대한민국을 회복하사
온 땅에 복음을 전하여
세계 만국 백성의 영광을 받으소서
우리 왕 우리 하나님
속히 조국 대한 자유 통일 이루소서

※ 시편 44편(고라 자손의 시)을
조국 현실에 비유하여 자유롭게 각색하다

대통령을 위하여

주님
제가 대통령을 위하여
기도하며 글을 올립니다

주님께서 특별히 선택하사
윤석열 대통령을
조국 대한의 지도자로 세우셨지요

저가 은혜로운 입술을 갖게 하사
형통한 복을 누리게 하시며
검사의 예리한 칼을 차게 하소서

진리와 온유와 공의로
나라를 잘 다스리게 하사
만백성이 우러르게 하소서

성령으로 기름 부으사
정의를 사랑하고 악을 미워하게 하시어
하나님 나라를 구하게 하소서

대한의 딸들이
저를 통해 하나님을 알고
믿음의 능력을 온 세상에 전파하게 하소서

※ 시편 45편(고라 자손의 시)을
원문의 주제를 살려 우리나라에 비유하여 자유롭게 각색하다.

도피성(逃避城)

사랑의 신 살며시 다가와
손잡으며 말하네

나는 도피성이다

청계산이 폭발해도
코로나가 만발해도
오미크론 날뛰어도
핵미사일 날라와도
염려 말아라

악한 영이 빈정대며
칠십 고개라 하네

진리가 소리치며
영생 부활 뉴스
보도하네

오늘도 기쁘게
도피성을 생각하네

※ 구약성경 시편 46편(고라 자손의 시)을 각색하다.
'고라'는 구약성경 민수기에 등장하는 인물로서
당(黨)을 지어 모세를 반역하다가
하나님의 징벌을 받아 땅이 갈라지며 빠져 죽는다(민 16:1-3).
그의 자손들은 레위 지파로 성소에서 일하였고 음악(찬양)도 담당하였다.
※ 1절 "하나님은 우리의 피난처이시다"에서
도피성(逃避城, 민 35:6)을 생각해 보았다.

성(城)

깊이 잠든 새벽
인디고 그 깊은 푸름 속에
나 잠들어 있을 때

내 안에 세워지는
흔들리지 않는
절대 무너지지 않는
견고한 성(城)

늘 곁에 있었지만
항상 말하고 있었지만
나로 가득 차
느끼지 못하고 알지 못했던

나를 사랑한 그
그리고
내가 사랑한 그를
마주한다

그렇게야 온전히
이제야 완전히
흔들리지 않는 성(城)

※ 시편 46:5 "하나님이 그 성(城) 중에 계시매
성(城)이 흔들리지 아니할 것이라 새벽에 하나님이 도우시리로다"

노래하네

때가 찼네
온 세상 만민이
함께 노래하네

만왕의 왕
메시아를 위하여
박수하며 노래하네

동방 삼국 한중일
나팔 불며
크게 노래하네

서방 삼국 미영노
힘차게
사랑의 신 노래하네

하늘에서
복음 천사들이 날며
노래하네

때가 되매
온 세상 만민이
함께 노래하네

※ 구약성경 시편 47편을 각색하다

봉 바위산

사랑의 신 계신 곳
작은 산 봉 바위산

수많은 인생사
함께 묻은 거룩한 산

떨어져 쌓인 나뭇잎 날리며
산책하는데

갑자기
사랑의 신 나타나
내 손 잡네

인도하는 대로 따라가니
쓰러진 거목 기다리네
손 놓으며 앉으라 하네

갑자기 나타나는 어머님 환상
웃으시며 손을 내미시네

그녀의 손을 꼭 쥐고
산을 넘으니

저 멀리서 들리는 〈어아가〉 소리
어아 어아 어아
바람에 날려오네

※ 구약성경 시편 48편을 자유롭게 각색하다

묵상(默想)

파란 뭉개구름 나를 덮는다
그 안에서 산을 오른다

마음에 다가오는
한 친구 〈明哲〉

웃으며 손을 내밀면
웃으며 손을 내밀고

순간 마음에 다가오는
또 한 친구 〈智慧〉

가만히 미소를 지으면
가만히 미소를 짓는다
〈明哲〉의 소리 들린다

존귀하나 깨닫지 못하는 자는
멸망하는 짐승이로다

〈智慧〉가 손을 흔들며
열심히 〈明哲〉을 부른다

※ 구약성경 시편 49편을 자유롭게 각색하다

악(惡)한 자

어둠 속의 성(城)
가득한 사람들 보이고
멋지게 보이는 단상

뒤에서 나타나는
검은 옷 입은 여인
보란 듯이 설교하네

환호하는 이들
춤추며 난리네

이미 죽은 몸이니
이런들 저런들 어떠하리

사랑의 신 나타나
여인을 향해 묻는다
어찌하여
거짓 예언을 하느냐

성안의 사람들 깨어 일어나
악한 자 돌로 치며
밖으로 던지네

※ 구약성경 시편 50편을 자유롭게 각색하다

참회(懺悔)

사랑의 신
선지자를 왕에게 보내어

가난한 자
양 새끼로 비유하여
무섭게 책망하네

너를 죽음에서 구하여
왕으로 세웠거늘
나를 업신여기고 악을 행하니

칼이 네 집에서 날고
재앙이 있으리라

왕이 두려워하며
무릎 꿇고 뉘우쳐
죄를 회개하니

사랑의 신 용서하나
왕 위에
재앙이 쉴 새 없네

※ 구약성경 시편 51편을 각색하다

혀

욕심쟁이 왕이 있었네
푸른 초원 위에
수많은 양 떼 거느리고
사악한 목자 두었네

목자가 잠시
왕을 대신하여
산당에 올라
제사장과 함께 제사하는데

왕에게 쫓기던 소년
겁 없이 도움 청하네

목자가 돌아가
왕에게 일러바치니

왕이 대노하여
제사장은 죽였으나
소년은 어디론가
사라졌네

※ 구약성경 시편 52편을 각색하다

믿음의 힘

하루살이 인생이라는데
피땀 흘려 일하는 사람들
믿음으로 한 해를 사네

농부가 봄이 되니
밭을 갈고 비닐 씌워
고추 모종 심네

농부가 약을 치네
작은 고추 나오더니
여름이 되며
크고 붉게 변하네

어느새 크고 길쭉하네
하나씩 따서 태양 볕에 말려
기계로 빻으니
가슴 뿌듯한 가마일세

가을 되어 감사하며
수수 팥 떡 한 솥 쪄어
마을에 돌리면
모두가 웃음꽃 피우네

※ 구약성경 시편 53편을 각색하다

죽음의 계곡

두 뿔 달린 용이 나타나
살며시 손을 잡는다

그가 인도하는 대로
따라가니
죽음의 계곡이다

여기저기 해골들
즐비하고
검은 독수리들
주위에 서성이는데

전능자 구름 타고 오면
용이 사라지고
해골들이 엉겨 붙으며
살이 돋아나고
산 사람 된다

모두 함께
전능자에게 낙헌제 올리니
성령의 바람 분다

※ 구약성경 시편 54편을 각색하다

세상 친구들

나라가 망해 가는데
친구들이 아는지 모르는지
본체만체하네

그들을 위하여
간절히 기도하네

주여 저들을 깨우사
빛을 발하게 하소서

그가 이르시되
이미 저들을 버려
파멸의 웅덩이에 빠졌으나
걱정하지 말아라

너는 가만히 있어
내가 전능자임을 알라

세상 친구들 생각하니
끝없이 눈물이 흐르네
전능의 왕이시여
손을 내미소서

※ 구약성경 시편 55편을 현실에 비유하여 각색하다

우-러 전쟁

전능자께서 생명 싸개를 펴사
우크라를 덮네

러의 제왕 욕심 가득하여
전차를 앞세워
우크라를 침공하나
끄떡없네

전능자의 입김이 잠시 날리니
하늘로 오는 괴물체들 달려들어
불타는 마을

젊은 군인들 무릎 꿇고
두 손 모으고 기도 올리니
여인들과 어린이가 하나 되어
생명의 빛에 다니네

세상 사람들
약한 자를 위하여
힘껏 손을 드네

※ 구약성경 시편 56편을
〈우-러 전쟁〉을 생각하며 각색하다

압둘람[※]

도피왕(逃避王)
어디로 갈까 망설이네

겨우겨우 간 곳이 쓰다 버린 동굴
안팎이 온갖 거미줄

추적자를 피해 요새가 되었네

소문은 퍼지고
기립바시 인생 수백 명 찾아오니

어쩌겠나
동고동락해야지

함께하며 정의의 용사들 되니
부국강병의 토대 되었네

양(羊)으로 제사드리니
하늘에서 전능자 보시고 말하셨네

의(義)롭다 선(善)하다 아름답다(美)

※ 구약성경 시편 57편을 각색하다
※ 압둘람: 소년 다윗이 골리앗을 죽인 엘라 골짜기 부근에 있는 곳

통치자의 길

키도 크고 잘생기고
준수한 기품

전능자
그를 왕으로 세웠네

왕과 백성들 금송아지 만들어
절하며 제사하고

정의는 사라지고
거짓이 판치었네

이웃한 뿔난 소국 쳐들어오니
속수무책이네

왕은 도망하다 붙잡혀 죽고
백성들은 노예가 되었네

역사가 사필귀정(事必歸正)이라 하네

※ 구약성경 시편 58편을 각색하다

요새(要塞)

잡아 죽이려는 추적자 피하여
세상 곳곳 도망하는 자

이웃 나라 가니
받아주지를 않고
죽이려 하네

도망자 어쩔 수 없어
옛 스승 찾아가니
그가 반기네

추적자 눈치채고 잡아 오라
군사들 보내니

기적이 일어났네
선한 군사 되어 예언하고 난리네

추적자가 군사들과 함께 갔네
성령이 역사하며
저들도 선한 자로 변화하니

세상 사람들 놀라며
전능자는 요새시라 하네

※ 구약성경 시편 59편을 각색하다

감사의 예배

감사하는 마음으로
예배를 드리는 사람만이
하나님을 세상 가운데 드러낸다.

"감사로 제사를 드리는 자가
나를 영화롭게 하나니.."
(시 50:23)

제4부 | 네 안에 있고 싶어

- 전승의 깃발
- 왕(王)
- 역경 속에서
- 광야에서
- 악한 자들
- 추수(秋收)
- 남북통일
- 마지막 소망
- 나는 네 안에 있고 싶어
- 영원한 친구
- 누가 했는지
- 각오
- 언약(言約)
- 참된 주인
- 참 복
- 원수(怨讐)
- 때가 되어
- 세상 보기
- 기다림
- 후손들에게

전승의 깃발

전능자 명하시네
사랑하는 자여
이웃 나라를 쳐부수라

싸우는 대로
저들 항복하며
노예로 섬기네

변방 광야에 작은 나라 에돔
감히 뒤에서 쳐들어 왔네
만만치 않네
사랑하는 자 지쳐
기진맥진하네

장수 요압 과감히 나서
소금 골짜기에서 에돔을 무참히 부수며
승보를 전하니

사랑하는 자
무릎 꿇고 감사 기도하며
전승의 깃발 날리네

※ 구약성경 시편 60편을 각색하다

왕(王)

복(福) 소리 들리네
소고치고 수금 비파소리에 취해
태평성대 세월이 갔네

선지자의 일성 크게 들리네
집안에 칼들이 춤추리라

때가 되어
왕자들의 난이 일고
피 바람이 세차게 치더니

살 대던 아이가 등 돌려
아비에게 칼을 겨누네
한때의 충신들도 떠나
역신(逆臣)이 되니

왕이면 무엇하랴
땅 끝에 앉아
하늘 향해 구슬피 곡하네

※ 구약성경 시편 61편을 각색하다

역경 속에서

천지 조성하신 자를 믿음으로
세상을 정복했네

만만치 않았네
젊은 시절 살인자 피해
쫓겨 다니며
山戰水戰 온갖 고초 당했네

세월 흐르며
큰 왕가(王家)를 이루었네
호사다마(好事多魔)라 했나
왕자의 난(難) 일어났네

절대 충성했던 문무백관들
거의 떠났네

어찌하랴
전능자께 간절히 호소하니
그가 자비를 베푸사
요새가 되어 구원하시네

※ 구약성경 시편 62편을 각색하다
※ 시의 배경은 다윗 왕이 아들 압살롬의 반역으로
　　곤경에 처했을 때로 추정함.

광야에서

살인자를 피하여
모든 것을 버리고 도망했네

온갖 모래뿐인 광야
낮이면 뜨거운 햇볕에 목이 타고
밤이면 추워 살이 에이는데
왕이면 무엇하랴

피폐하고 고달픈 영혼
숨을 몰아쉬며
밤하늘 은하수를 바라본다

갑자기 별 무리 분주히 오가는데
전능자 나타나
얼굴의 광채 발하며 말하네

너를 붙들어 주리라
너를 해하려 하는 자들을
자기 함정에 빠지게 하리라
악(惡)한 자는 반드시 망하리라

※ 구약성경 시편 63편을 각색하다

※ 시(詩)의 배경은 다윗이 왕자 압살롬의 난을 피해
광야에 있을 때 추정(삼하 16-18장)

악한 자들

숨어서 음모를 꾸미며
공원에서 소동한다

칼날 같은 날카로운 혀
화살 같은 폭언으로
의인을 쏘며

남몰래 올무를 만들어
기묘한 죄악을 꾸미니
검은 마음속을 누가 알리요

전능자 아시고
궁사(弓師)를 보내어
활을 쏘시니
혀를 관통하며 쓰러지네

세상 나라 놀래고
CNN KBS NHK BBC
앞 다투어 방영하네

※ 구약성경 시편 64편을 각색하다

추수(秋收)

바다의 모래 같은 이들
기도 올리네

하늘에서 내려오는
하얀 천사들 날아가며
복된 소식을 전하네

전능자의 날이라
모두 나오라 하네

모든 육체가 일어나
거룩한 집을 지으며
노래하며 예배하네

오대양 물결이 춤을 추고
육대주의 수목들이 열매를 맺고
천하 만민이 하나가 되어
큰 소리로 찬양하네

그날이 왔으니
전능자의 날이라

※ 구약성경 시편 65편을 각색하다

남북통일

그 옛날
전능자 나라를 나누셨네

남국은 흰옷 입은 백성
북국은 검은 옷 입은 백성

모두 불과 물을 통과하게 하셨네

남국은 통과하여 에덴에 이르고
북국은 낙마하여 모래땅이 되었네

궁핍하여 신음하는 북국 백성들
도적이 되어 남국을 괴롭히니

남국 백성들 사랑으로
저들에게 선을 베푸나
북국 배은망덕하여 총을 겨누네

전능자 때가 되어 심판하시니
남국이 북국을 품게 하시네

※ 구약성경 시편 66편을 현실에 비유하여 각색하다

마지막 소망

날로 퍼지는 뉴스 속에
CNN 앵커 인터뷰하네

온 세상 활활 불타네
구원의 성령 불이네

땅끝 나라 일어나
생명의 빛 발하네

소경이 눈을 뜨고
죽은 자 부활하며
우상들 사라지고
악한 자들 회개하며 변화되네

날로 새로운 뉴스
천사들 합창 속에
인자가 백마 타고 오시며
온 세상이 환영하네

※ 시편 67편을 각색하다.

나는 네 안에 있고 싶어

봄바람이 살살 부는 오후
가방을 메고 집을 나서네

길가의 절을 뒤로
개울 따라 걸으면
금산 사람 손 흔드네

시끄러운 고속도로 지나
계단 오르면
부엉바위 산이 웃으며 맞네

바삭이는 낙엽 밟으며
낮은 계곡지나 능선에 이르면
사랑하는 이 나타나
쉬어가라 손을 잡네

고목에 걸터앉으면 그가 말하네
짐이 무겁다고 내려놓으라 하네
가방을 보이며 가볍다고 하니
마음속에 있는 짐이란다

그는 늘 내 안에 있으려 하네

※ 시편 68편을 각색하다

영원한 친구

아버지 손에 생명책을 보이네
수많은 이름과 얼굴들

웃으며 말하네
걱정하지마
너를 비방하는 자들은 없어
너를 미워하는 자도 없어

있어도 내가 손 볼 거야
그래도 걱정이 되어 슬퍼하면
마음을 열라 하네

마음의 짐들이 하나둘 떠나네
곤고함
불편함

친구가 웃으며
내 안에 들어와 앉으니
천국일세

천사들이 주위에서
영원한 나의 친구여
나팔 불며 춤추네

※ 시편 69편을 각색하다

누가 했는지

비가 내린다
소나기가 오더니
누가 했는지
보슬비가 온다

눈이 내린다
함박눈이 내리더니
누가 했는지
조금씩 온다

바람이 분다
강풍이 불더니
누가 했는지
솔솔 분다

마음이 아프다
견디기 힘든 고통이다
누가 했는지
견딜만하다

※ 시편 70편(다윗의 시)를 자유롭게 각색하다

각오

글을 쓰리라

백발이 되어
건강이 다하기까지

온 세상이
전능자를 알기까지

작은 힘이나마
그의 사랑 이야기를
쓰리라

마음이 약해질 때면
외치리라
힘을 주소서
도와 주소서

하루하루
한글한글
꾸준히 쓰리라

※ 시편 71편을 각색하다
※ 위와 같이 각색한 동기는 시편 71편 18절 말씀이다.
"내가 늙어 백발이 되어도 주의 일을 후대에 전하고 주의 능력을 장래
모든 사람에게 전하기 까지 나를 버리지 마소서"
※ 남은 생애, 문학을 통해 조금이나마 지존자를 전하고자는 마음의 표현이다.

언약(言約)

주인이 종에게
말했다

네가 백발이구나
다시 머리가 검어지고
젊어지지는 않으리라

그러나
구구팔팔이삼사
장수하리라

그때까지
나를 전하되
글을 써서 해라

내가
너를 모태에서부터
택했으니

네가 죽기까지
함께하며 도우리라

※ 시편 71편을 각색하다

참된 주인

주인이
땅 위의 네 나라를
유심히 보고 계셨다

작은 한 나라가 있었다
그 주위에
크고 강한 세 나라가 있었다

동에는 해국
서에는 용국
북에는 노국

세 나라가 수시로 싸우며
가운데 있는
한 나라를 괴롭혔다

때가 되매
주인이 노하여
한 나라에 복을 주어
왕성하게 하셨다

세 나라가 두려워하며
한 나라를 잘 섬겼다

※ 시편 72편을 각색하다

참 복

한 작은 마을
아버지는 여러 명의 종이 있었고
극진히 사랑했다

한 종이 음녀같이
도시를 사랑하여
아버지를 떠나갔다

몇 해가 지났다
떠났던 종이 돌아왔다
얼굴이 말이 아니었다

아버지가 그를 받아들였다

그가 말했다
주인님이 최고예요
다시는 떠나지 않겠어요

그래
나를 가까이 함이
네게 복이다

※ 시편 73편을 각색하다

원수(怨讐)

거짓 왕이
살며시
마음의 문을 열며
들어오려 한다

기어코 들어 오더니
성소를 더럽혀 놓고
제멋대로 휘젓더니
문을 꽉 닫는다
황폐해져 죽어가는 마음

못 살겠다
주인에게 호소하자
파란 숨(㿟)을 주입하니
회복되는 마음

그가 말한다
원수를 잘 알아야 해
지피지기 백전불태
세상을 정복하리

※ 시편 74편을 각색하다

때가 되어

악한 왕이 와서
무너진 나라

검게 변하는 영혼들
노란 하늘
짙은 어두움

주인께 나아가
구슬피 노래하네
어찌하리오
어찌하리오

구원자 나타나
얼굴 광채 발하니
사라지는 어두움

때가 되어
악한 왕 뿔이 뽑히고
죽으니
온 세상이 기뻐하네

※ 시편 75편을 각색하다
※ 시편 75편의 역사적인 배경은
교만한 앗수르왕 산혜립이 유대왕국을 침공했을 때이다

세상 보기

전능자 웃으며
세상을 본다

지나의 용이 잠자고 있고
마곡의 사자 어슬렁거린다

열국 표범들 서로 잘난 듯
꼬리를 세운다

주인이 그림을 그린다
개판이다
물개 솔개 미친개 하나 되어
세상을 괴롭히니

정의의 천사 보내어
단번에 잡으니

동방의 작은 나라
몸에 좋다 달이어 먹고
힘을 내어 일어나
온 세상을 밝히네

※ 시편 76편을 각색하다

기다림

시인은 생각하네
기도해도
왠지 응답이 없네
날 버리셨네

잠을 이루지 못하네
몸을 뒤척이는데
어둠과 혼돈 속에서
한줄기 말씀이 떠오르네

작은 소리로 읊조리네
모든 것은 때가 있으니
주인을 그때까지 기다리라

그가 잠시 떠났지만
머지않아 오리니
기도하고 있으라
반드시 오리라
믿음의 시련이요
인생의 법칙이니라

※ 시편 77편을 각색하다

후손들에게

참 생명이시며
생명을 설계하고 만드시고
다스리시네

나를 지으시고
세상 끝 날까지
후손들을 지으시리니
여기에 교훈을 남기네

어릴 때부터
생명의 떡을 먹으며
처소를 성소로 삼으니
때가 되매
믿음의 용사 되네

그의 나라와 의를 구하려고
험한 세상으로 나왔네
마귀와 싸우네
수만의 그의 졸개들이 달려드네
다 쳐부수네

가는 곳마다
승리의 깃발 나부끼네

※ 시편 78편을 각색하다

소망

포기하지 마세요.
하나님의 도움을 바라며 기다리세요.
그러면 다시 찬송하는 날이
반드시 오게 됩니다.

"내 영혼아 네가 어찌하여 낙심하며
어찌하여 내 속에서 불안해 하는가
너는 하나님께 소망을 두라.
그가 나타나 도우심으로 말미암아
내가 여전히 찬송하리로다."

(시 42:5)

제5부 | 시온의 대로

- 임진강
- 통일 기도
- 한강
- 천국 법정
- 강대국들
- 시온의 대로
- 때가 되매(1)
- 때가 되매(2)
- 시온성
- 피맺힌 절규
- 슬픔의 노래
- 황혼의 기도
- 언약
- 공의(公義)
- 노아
- 공정
- 므리바 & 맛사
- 만왕의 왕
- 하나님 나라
- 샤론의 왕

임진강

강 건너
어슴프레 보이는 땅

가지 못하고
바라만 보네

적막이 감도는데
귀를 기우리네

멀리 피어오르는 연기
누가 있나 유심히 보며
기도하네

주여 때가 찼나이다
분단 70여년
하나 되게 하소서

수년 내로
이 강을 건너게 하소서

※ 시편 79편을 각색하였다.
성전에서 찬양을 인도하던 아삽의 시이다.
폐허가 된 조국을 바라보며 하나님께서 회복해 주실 것을 노래하였다.
※ 우리 남북한도 하나님께서 하나 되게 해주실 줄 믿고 시로 옮겼다.

통일 기도

주여
어느 때까지 노하시리이까

언제나 김가네가
마음의 문을 열고
손을 내밀겠나이까

동방의 빛으로
온 열방의 제사장으로
삼은 나라

이제 그 사명 감당토록
세워진 철망과 벽을 부수고
하나 되게 하소서

주는 전능하시오니
남북이 하나 되는
은총의 표적을 보이사

열방이 놀라며
주의 이름 높이게 하소서

※ 시편 80편을 각색하였다. 시편 80편은 79편과 같이 아삽의 시로서
　　앗수르에게 망한 이스라엘의 회복을 노래한 것으로 추정된다.
※ 남북한이 하나님의 은혜로 통일되어 온 열방이 하나님을 찬양하고 조국
　　대한이 온 세상에 복음전파 사명을 감당토록 기도하는 시이다.

한강

차를 타고
반포대교를 지나네

빛에 반짝이며
물소리 고요히 들리네

숱한 역사의 물결
번영과 환희의 함성
헤어져야 하는 가족의 아픔
처음 환상이 사라지고

새로운 환상 나타나는데
은은한 피리 소리에
노 젓는 배

갑자기 우렛소리에
물이 솟구치며 날아가니
은밀한 곳에서
큰 손 나타나 잡으며
안심하라 하네

※ 시편 81편을 각색하다.
※ 역사의 고비 고비마다 돕는 하나님의 실재를 그려보았다.
※ 성경의 〈므리바 물가〉에서 〈한강〉을 생각해 보았다.

천국 법정

전능자 질문
언제까지
불공정한 재판을 하려느냐

법관들이 수군거리며
끝까지 거짓을 말한다
세상 관례요
상식입니다

전능자가 심판한다
저 악한 자들을
옥(獄)에 넣어라

발발 기는 자들
배춧잎 일장기 투표지
모른 척하니
개가 짖는다

※ 구약성경 시편 82편을 각색하다
※ 시편 82편의 배경은 역대하 10:12-19절 말씀으로
솔로몬왕의 아들 르호보암 왕의 폭정에 맞서
백성들이 반란을 일으킨 시기로 추정된다.
※ 한국의 사법적 현실을 마음 아파하며 시로 옮겨 보았다.

강대국들

기쁘도다
두 토막 작은 나라여

동일(東日)이 해풍 일어 파도치더니
잠잠해지고

서룡(西龍)의 꽹이 새긴 붉은 기
찢어져 불태워지고

북로(北露)의 검은 흉계 드러나
온 세상 방어막 치니

작은 나라여
저들 등쌀에 힘들었구나

지존자 때가 되어 함께하니
저들 놀래어 몸 낮추는데

불함산 하얀 나목(裸木)에서
붉은 피 흐르며
삼국(三國)을 물들이네

※ 구약성경 시편 83편(아삽의 시, 시편에 12편이 있음)을 각색하다.
아삽은 다윗 왕 때 성소에서 찬양 대장이었다.
※ 시편 83편의 배경은
작은 이스라엘을 주변국들이 동맹 맺고 공격하려 할 때로 추정된다.
※ 역사 속에서 주변 강대국들의 침략으로
고통당하던 조국 대한을 생각하며 각색하다.

시온의 대로

시온성을 향하여
오늘도 한 걸음씩 갑니다
혼자는 외로우니
한 여인 손 잡고 갑니다

가다가 너무 지쳐
사랑 나무 아래 쉽니다
가만히 누워 창공을 봅니다
두 남녀가 구름 타고 갑니다

저 멀리 시온성에서
누군가 손짓합니다
일어나 보니
앞에 만나가 있습니다

꿈이 깨며
세미한 음성이 들려 옵니다
여기가 시온성이야
가족들이 모여 기쁘게 노래합니다

※ 구약성경 시편 84편 고라 자손의 시를 각색하다.
※ 고라는 모세의 사촌이었으나 반역을 시도하다 죽은 자였다.
※ 원문 중 5절의 일부 말씀에서 힌트를 얻어 시로 옮겼다.
"주께 힘을 얻고 그 마음에 시온의 대로가 있는 자는 복이 있나이다"

때가 되매(1)

악한 자의 침략으로
나라가 망하고
야곱 자손들 끌려가며
뒤돌아보니

한 선지자 나타나
눈물 흘리며 부르짖기를
칠십 년 되면
돌아오리라 하네

칠십 년 지나 악한 자 망하고
선한 자 일어나
야곱을 풀어주니
예언대로네

동방의 작은 나라
반 토막 난지 칠십 년
때가 찼다 부르짖으며
통일을 기도하네

※ 구약성경 시편 85편 고라 자손의 시를 각색하다.
배경은 유대인들이 70년의 바벨론 포로에서 귀환한 것을 감사하는 시이다.
※ 조국 대한민국이 남북으로 분단된 지 70년이다.
통일의 때가 되었다는 생각을 하며 시로 옮겨 보았다.

때가 되매(2)

남북이 하나 되어
야루를 건너
지나를 지나네

천국이 가까이 왔다
전하는데
천사들이 돕네

온 세상 만민이 듣고
코리안 드림 노래하며
서울로 오네

지존자 기적을 행하사
은총의 표적 보이니
만민이 경배하네

※ 구약성경 시편 86편을 각색하다.
※ 시편 86편은 다윗왕의 기도시(祈禱詩)이다.
배경은 아들 압살롬이 반역을 꾀하였을 때 쓴 시로 추정 된다.
※ 시인은 남북통일이 이루어져 국력이 신장 되고
한국 교회가 성장하여 온 세상에 복음 전하는 때가 오리라 믿고 지었다.

시온성

비온 뒤 개인
봄날 밤
바람이 일렁이는데

은하수 넘어 하늘 속에
숨은 본향을 보니
천군 천사들 노래하네

고개 돌리니
가까이 작은 시온성 있네
흰옷 입은 자들 문을 나오며
힘차게 찬양하네

검은 십자가에서 어린 양의 피가 흘러
온 세상을 적시니
만민이 의인 되도다
하늘과 땅이 하나 되니
사랑 사랑 사랑뿐이네

※ 구약성경 시편 87편을 각색하다. 고라 자손의 시로 시온성을 노래하였다.
※ 시온성은 지존자가 계신 곳으로 땅에서는 교회이다.
※ 예수 그리스도의 피가 온 세상에 흘러 만민이 죄사함을 받고 하나 되며
사랑이 가득함을 시로 옮겨 보았다.

피맺힌 절규

지존자여 구원하소서
험난한 인생의 파도가 몰려오네요

영혼을 옭아매는 온갖 재난으로
무덤에 누운 자
감옥에 갇힌 자 같아
앞이 캄캄하네요
매일 부르짖어 기도하네요

죽은 자에게 기적 베풀고
무덤에서 인자하심을 보이시며
사라진 땅에서 공의를 행하시며
유령들이 찬송하기를 원하십니까

아침에 기도를 듣고
얼굴의 빛을 뿌리며
진노를 내려놓으사
두려움의 울타리를 거두소서

멀리 떠난 사랑하는 자들도
돌려보내소서

※ 구약성경 시편 88편 원문을 중심으로 쉽게 각색하다.
※ 시편 88편은 고라 자손 중 에스라인 헤만의 시이다.
※ 헤만은 솔로몬의 지혜에 비견된 인물이다(왕상 4:31).
※ 70평생을 살아오면서 〈고난의 때〉를 생각하며 각색하다.

슬픔의 노래

지존자여
택정하여 언약을 맺었나이다
네 자손을
영원히 견고히 하리라

당신은 바다의 파도를 다스리시며
인생의 파노라마를 일구시되
언약을 기억하사 구원의 바위가 되시니
영광은 시온의 왕께 있나이다

거대한 굴속 돌 위에 새긴
소녀의 기도문을 아시나이다
아∞아 엄마 울지 말아요
천상의 아빠가 우리를 지켜줄 거예요

그 누가
이 소녀를 비방하며
조롱하겠나이까
생각할수록 눈물만 나네요

※ 구약성경 시편 89편(에스라인 에단의 시)을 각색하다.
※ 에단은 솔로몬의 지혜와 비교될 정도로 지혜로운 자였다(왕상 4:31)
※ 구레츠키의 아우슈비츠 수용소 추모곡인 〈슬픔의 노래〉를
생각하며 시로 옮겼다.

황혼의 기도

우주만물의 근원이신
지존자여

아침에 돋는 풀이
저녁이면 지는 것처럼

인생의 끝자락에 뒤를 돌아보니
죄로 인한 징벌과
고통의 나날이었네요

남은 세월 자비를 베푸사
힘들었던 날만큼
기쁜 날을 주시며

행하신 은총의 표적들과
영광을 나타내시고
우리 손으로 행한 일에
복을 내리소서

※ 구약성경 시편 90편을 각색하다.
※ 시편 90편은 모세의 기도시(祈禱詩)로 인생을 노래하였다.
※ 거의 원문 내용에 충실하여 함축적인 시로 옮겨 보았다.

언약

지존자 약속했네
나는 너의 피난처요 요새이니
네가 내 안에 있으면
많은 혜택이 있으리

악한 자의 올무에서 벗어나고
우한 코로나 걱정 없고
평양 핵 위협 별거 없고
전쟁이 나도 괜찮으리니
네 곁에서 숱한 적이 넘어지리

악인들은 망하지만
너는 재앙이 비켜 가리
네가 가는 길에서 천사들이 지키고
붙들어 주며
네 발로 사자와 독사를 밟으리

나를 사랑한 즉 너를 사랑하고
내게 기도한즉 이루리
환란이 임하나 건지시며
영생하리

※ 구약성경 시편 91편을 각색하다. 작자 미상이나 모세의 시로 추정
※ 시편 91편은 지존자 안에 거하는 자가 누리는 혜택을 시로 옮겼다
※ 원문에 충실하게 함축적이며 쉽게 각색해 보았다

공의(公義)

지존자여
온종일 찬양합니다
좋을 때나 궂을 때나
찬양합니다

비온 뒤
풀들이 무성하게 자라듯이
악한 자들이 흥왕합니다

저들의 조롱과 비방으로
마음이 심히 고달프나
순식간에 저들의 망함을 보며

이 땅에 정의와 공의가
살아 있음을 봅니다
사필귀정(事必歸正)으로
마음이 밝아집니다

당신의 은총의 표적을 보며
시온의 대로를 힘차게 걷습니다

※ 구약성경 시편 92편(작자 미상)을 각색하다.
이스라엘이 바벨론에 망하여 포로로 끌려갔던 때 지은 시로 보인다
※ 원문에 충실하게 각색하였고, 특히 부정선거로 공의와 정의가
무너졌지만 다시 회복되는 것을 보며 시로 옮겼다.

노아

참 의인이었네
하늘에서 음성이 들려왔네
배를 만들어라 온 세상이 물로 망하리라

순순히 거대한 배를 만들었네
사람들은 미쳤다 했네
하늘에서 홍수가 내렸네
거대한 물이 온 세상을 덮었네
노아와 가족을 제외하고 모두 죽었네

오늘도 온종일 생각했네
의롭게 살아야지

방법은 하나 〈예수〉라네
상상할수록 참 신기하네
그냥 믿기로 했네
그게 쉽게 따지면 무얼하나

※ 구약성경 시편 93편(작자 미상)을 각색하다
※ 본문은 지존자의 전능하심과 수많은 증거를 노래하고 있다.
※ 위 시는 시 93:3 "여호와여 큰 물이 소리를 높였고," 에서 의인 노아의
　　믿음과 홍수를 생각하며 시로 옮겨 보았다.

공정

무지한 악당이 있었네
애매한 악법을 만들어
곰당의 소유를 빼앗고
개가를 불렀네

눈을 만든 자가 보고
구덩이를 팠더니
악당이 스스로 빠졌네

악당 괴수가 외쳤네
귀를 만드신 자의 복수다
모두가 귀로 듣고 떨었네

재판장이 재판을 열었네
악법을 빙자하여
백성들의 피를 흘렸으니
국기문란죄요

곰들이 웅웅 외쳤네
악한 자들은 끊어졌네
악한 자들은 망했네

※ 구약성경 시편 94편(작자 미상)을 각색하다
※ 거대 여당이 '검수완박' 입법을 하려는 시도를 보며
　원문에 충실하여 시로 옮겨 보았다.

므리바 & 맛사

세상 깊은 곳에서
내로남불 싸우는 소리 들리는데
오늘도 기쁘게 詩를 지어
생명의 반석 노래하며
홀로 그 아래 무릎 꿇고 고백하네

모든 신보다 크신 왕
깊은 곳과 높은 곳을 다스리고
오대양 합창의 물결에
웃으며 잠드시네

백합 천사 잠시 환상을 보여주네
므리바와 맛사[※]
터지는 반석의 샘물 보며 터지는 함성

다시 들리는 싸움 소리
싸워야 나라가 더 잘 큰다 하니
오늘도 백성들 한숨뿐이네

※ 구약성경 시편 95편을 각색하다
※ 시편 95편은 작자 미상이나 다윗왕의 태평성대 시기 작품으로
추정된다(시 95:7-8, 히 4:7-8을 비교하면)
※ 내로남불 정치로 근심하는 백성들을 보며 시로 옮겨 보았다.
※ 므리바와 맛사 : 출애굽하여 행군하던 이스라엘 백성들은 광야에서 물이
없자 원망한다. 하나님은 모세에게 명하여 반석을 지팡이로 쳐서 샘물을
솟게 하였고, 이곳 이름을 므리바(다투다)와 맛사(시험하다)라 하였다.

만왕의 왕

온 땅이 새 노래로 노래하네
구원을 날마다 전파하며
영광을 만민에게 선포하네

권능과 아름다움이 성소를 밝히니
만국 백성이 돌고 돌며
예물을 가지고 들어가네
만국의 모든 신이 멀리서 보네

만국을 통치하시되
온 백성을 공평하게 심판하시니
온 땅이 떨며 경배하네

왕이 임하시니
하늘이 나팔 불고
땅이 장구치고
바다가 노래하니
밭 곡물과 숲속의 나무들
덩달아 춤추네

※ 구약성경 시편 96편을 각색하다.
본 시편은 다윗 왕이 언약궤를 다윗 성 장막에 안치하고
부른 찬양시(대상16:23-33)와 일치하여 다윗 왕의 시로 보며,
우주만물을 창조하시며 공의로 인간을 다스리시고 심판하시는
하나님을 찬양하고 선포한다.
※ 원문에 충실하게 함축적으로 각색을 해보았다.

하나님 나라

정의와 공평으로 세워진
사랑과 평화의 나라

위장 평화 내세운 사악한 적들
천군(天軍)이 뜨거운 불로 사르며
번개와 우레로 떨게 하니
세상의 높은 산들 녹아 내리네

하늘이 왕의 의(義)를 선포하며
허무한 우상들 바람에 사라지니
시온의 딸들이 기뻐하네※

나라 사랑하는 자들 악을 대적하자
둘러선 악한 자들 손 잡는데
의의 왕 건지며 빛과 기쁨 뿌리니
의인들 기뻐하며 춤추네

※ 시편 97편(작자 미상)을 각색하다.
정의와 공의로 통치하시는 하나님을 노래하는 시이다.
※ 원문에 가깝게 함축하여 시로 옮겼다.
※ 시온의 딸: 하나님의 백성들, 교회의 성도들을 상징함.

샤론의 왕

택하신 백성 위해
오른팔로 기이한 일 행하시고
구원의 은총 베푸셨으나
저들 배반하고 노예로 살았네

때가 되매 아들 보내사
구원 계획 선포하고
온 인류의 대속 제물 삼았네

사랑의 십자가 복음 날아와
삼천리 반도 금수강산 달구니
성령 폭발하여 온 세상 퍼지네

때가 되매 천사장 나팔 부니
샤론의 꽃 온 세상에 만발하고
만백성이 노래하네

※ 구약성경 시편 98편(작자미상)을 각색하다.
원문의 주제는 〈하나님의 인류구원〉이다.
샤론은 이스라엘 중서부 평야지대이며, 샤론의 꽃은 수선화로 흔한 꽃이다.
샤론의 꽃 예수는 누구든지 만나 구원해 주실 것을 비유하여 시를 지음.

회복

삶이 지치고 힘든 이유는
삶을 하나님의 능력으로
채우지 않았기 때문이다.
기도는 지친 삶을
하나님의 능력으로 채우는
주유기와 같다.

"만군의 하나님이여
우리를 회복하여 주시고
주의 얼굴의 광채를 비추사
우리가 구원을 얻게 하소서"
(시 80:7)

전능의 왕

천사들 호위하며 전능 왕 오시니
세계만민이 떨고 땅이 진동하네

시온에 거하시니
온 세상이 예복 입고
거룩하심을 노래하네

공의와 정의로 만국을 다스리니
만민이 경배하며
거룩하심을 노래하네

선한 목자 진리를 간구하자
구름 기둥 아래서 법을 선포하니
절대 순종하며 생명 걸고 지켰네

때가 차매 부르사 심판하나
긍휼히 여기사 죄를 사하시니
만민이 성산에서 경배하며
거룩하심을 찬양하네

　　　　　※ 구약성경 시편 99편(작자 미상)을 함축하여 각색하다.
　　※ 원문은 공의와 정의로 통치하시는 거룩하신 하나님을 노래한다.

사랑의 신

온 땅이 찬양하네

기쁨으로 섬기며

노래하며 그 앞에 나가네

우리에게 사랑과 생명 주셨으니

우리의 주인이시며

우리는 그의 기르시는 양일세

고을고을 집집마다 찬양하며

감사 예물을 드리고

인자와 성실하심이 영원해

선하심을 노래하네

※ 구약성경 시편 100편(작자 미상)을 함축하여 각색하다.
※ 원문은 인자와 성실하심이 영원한 선하신 하나님을
찬양하고 감사하는 시이다.

통치자

지존자 앞에서
성경에 손을 얹고
선서하며 약속했네

악과 타협하지 않고
정의와 공의로
나라를 견고히 하리라

은밀히 공복(公僕)들 세우니
거짓말하고 중상모략하는
사악한 자들 판이네

어느새 끝이네
나라 곳간이 비고 휘청이니
백성들 아우성인데
뻔뻔히 궁정을 떠나네

※ 구약성경 시편 101편(다윗의 시)을 각색하다.
원문은 다윗이 왕으로 등극하며
완전한 통치자이신 하나님을 대신하여
완전하게 통치할 것을 결심하는 내용의 시이다.
※ 원문의 주제에 충실하면서 현실에 비유하여 함축적 시로 묘사함.

위안부

남산의 눈물 머금은
검게 타는 고목 아래
〈대지의 눈〉 있네

진정한 사과를 원하네
눈물의 글 아롱거리네

〈세상의 배꼽〉에 살포시 앉아
가볍게 흔드니
작은 파동이 커지며
온 세상으로 번지네

훨훨 날려 버리고 싶지만
다시는 없어야지
〈기억의 터〉 새롭네

슬픔 가득 한(恨) 많은 소녀
동그란 눈물 뿌리며
조국 사랑 전 했네

※ 구약성경 시편 102편을 각색하다.
원문은 고난을 당하여 하나님께 탄원하는 기도시이다.
2022년 5월 1일 위안부이셨던 김양주 할머니 별세 소식을 접하고,
위안부 할머니를 위하여 서울 남산에 조성된
〈기억의 터〉를 생각하며 시를 지었다.

내 영혼아(1)

만왕의 왕을 송축하라
그의 은택을 잊지 말라
모든 죄를 사하시고
모든 병을 고치시며
생명을 죽음에서 속량하사
장수하게 하시네

공의로 재판하여
억울함을 풀어
백성의 눈물 씻어주시네
그를 경외하는 자에게
긍휼과 인자하심으로
죄를 따라 벌하지 않네

인생의 모든 날이 풀이요
영화가 들의 꽃이니
경외하는 자는
인자하심이 영원하고
의(義)가 자자손손(子子孫孫) 이르네
천국 보좌에 앉아
만유를 다스리시니
천군천사 수종들며 송축하네

※ 구약성경 시편 103편(다윗의 시)은
하나님의 인자와 긍휼의 경이로움을 찬양하는 시이다.
원문에 충실하여 함축적으로 각색하였다.

내 영혼아(2)

경이로운 세계를 지으신 하나님을
힘차게 찬양하라
빛의 옷을 입고 하늘엔 구름으로 휘장을 치고
물엔 누각의 들보를 얹고
구름 타고 바람 날개로 다니시네

땅을 바다로 덮으시니 물이 산까지 찼으나
꾸짖으매 혼비백산 도망하니
산과 골짜기 새롭네

누각을 통해 산골짜기에서 샘 흐르니
노루 고라니 토끼들 마시며 뛰어놀고
나무에는 물이 흡족하여 새들 우네

달로 절기를 정하고
해로 사철을 정하니
온 만물이 그 안에서 즐기는데
사람은 일하며 밤까지 수고하네

바다의 크고 작은 생물들 마음껏 놀고
때를 따라 양식을 주시나
때로 낯을 숨기시고 호흡을 거두면
죽어 흙으로 변하여 세상을 깨끗이 하고
성령을 보내어 새 생명 만드시며
흡족히 여기시니 내 영혼아 그를 찬양하라

> ※ 구약성경 시편 104편(작자미상)을 각색하다.
> 원문은 경이로운 피조물 세계를 통허여 창조주 하나님을 찬양하고 있다.
> 원문에 가깝게 함축적으로 시를 옮김.

메시아 프로젝트

믿음의 조상 아브라함이 거하던
우상의 땅 갈대아 우르에서
하나님이 그를 불러내어
가나안 땅으로 인도하며 언약했네
이 땅을 너와 네 후손에게 주고
네 후손을 통해 만민이 복을 누리게 하리라

그의 증손 요셉을 먼저 애굽으로 보내고
때가 되어 땅에 기근 들게 하사
야곱 가족을 함의 땅 요셉에게 보내셨네
이스라엘 민족이 애굽보다 크고 강성해지니
바로가 저들을 미워하고 노예로 부렸네

때가 차매 하나님이 모세를 통해 기사와 징조를 보이며
그의 백성이 애굽에서 나오게 하셨네
홍해를 육지같이 건너고
광야 길을 구름기둥과 불기둥으로 인도하시며
만나와 메추라기로 먹이시고 반석의 물을 마시게 하여
마침내 약속한 젖과 꿀이 흐르는 땅을 주셨으니
장차 이곳에서 메시아가 태어나게 하려 하심이네

※ 구약성경 시편 105편(작자미상)을 각색하다.
원문은 초기 이스라엘 건국 서사시이다.
원문에 가깝게 함축하여 〈메시아 중심 사상〉으로 묘사하였음.

할렐루야

주는 선하시며 인자하시죠
주여 당신은 약속하셨어요
계명을 지키면 복을 주리라
늘 너를 기억하리라

조상들의 역사를 돌아보니 죄뿐이네요
홍해 앞에서 주를 원망하고
호렙에서 주님을 소의 형상으로 바꾸며
바알과 연합하여 간음하였죠

모세도 주의 명을 어기고 반석을 치니 진노하시고
이방 민족을 멸하라 하셨으나
불순종하여 저들의 풍습을 따르니
주께서 노하여 원수들의 지배 받게 하셨죠

주는 인자와 긍휼하심이 크사
죄만 짓는 백성들을 구원하시고 불러 모으시며
거룩한 이름을 찬양하게 하시니
만 백성 주님을 영원토록 찬양하죠 할렐루야

※ 구약성경 시편 106편(작자 미상)을 각색하다.
원문은 시편 105편과 같이
이스라엘 건국 초기 역사의 서사시로 함축하여 시로 옮김.

선하신 하나님

대적의 손에서 속량하시고
불러 모아 교회를 만드신
선하신 하나님을 찬양하리라

광야의 인생길에서 고통당하는 자들
기도를 들으사 안식처로 인도하시며
노예로 살아가는 자들의 아픔을 보시고
매인 쇠사슬에서 풀어주시네

죄악으로 심한 고통을 당하는 자들
신음을 들으시고 말씀으로 치료하시며
광풍으로 파선한 자들의 처참함을 보시고
안전한 항구로 인도하시네

의인은 복을 누리고 악인은 저주를 받으리니
깨달은 자는 마음을 고쳐 회개하고
온 땅 모든 사람에게
하나님의 선하심을 선포하리라

※ 시편 107편(작자미상)의 원문을 충실하게 함축하여 각색하다.

마음을 정하여

주여 도우소서
왕이 나를 죽이려 하여
이 굴에 피하였나이다

언제 죽을지 모르는데
오직 주만 믿으며
마음을 정하여 새벽부터
주의 영광을 찬양하나이다

주께서 나를 도우사
수백 명의 장정을 보냈으니
저들과 함께
나라를 바르게 세우겠나이다

때가 되매
주의 기름 부은 자는 떠나고
저를 왕으로 세우사
주변국들을 종속시키시고
페트라를 주셨나이다

※ 시편 108편(다윗의 찬송시)을 함축하여 새롭게 각색하다
※ 원문 1-5절은 시 57편 7-11절을 인용하고,
6-13절은 시 60편 5-12절을 인용하여 합성한 시이다.
시 57편은 다윗이 사울 왕을 피하여 압둘람 굴에 있을 때 쓴 시이고,
시 60편은 다윗이 왕으로 즉위하여 주변국을 평정하고
마지막으로 에돔 왕국을 무찔렀을 때 쓴 시이다.
※ 다윗은 하나님의 영광을 위하여 살기로 마음을 정하고 늘 행동으로 옮겼다.

선악간에

같은 하늘 아래 살면서
선을 악으로 갚는 자들
사랑할수록 미워하며
까닭 없이 창을 던지니
사탄이 오른쪽에 보이네

그의 기도가 죄로 변하여
자녀들은 유리하며 구걸하고
자손이 지리멸렬 끊어지고
황폐한 집을 떠나 방황하나
돕는 자가 없네

같은 하늘 아래 살면서
악을 선으로 갚는 자들
미워해도 사랑하며
핍박해도 축복하니
하나님 자비를 베푸시네
거룩한 봉산에 올라
크게 감사하며 찬송하네

※ 시편 109편(다윗의 시)을 각색하다.
본문은 단순한 저주시(詛呪詩)가 아니다.
다윗은 인생을 다스리시는 하나님을 믿는다.
주제에 충실하며 함축하여 시로 옮겼다.

마지막 그날

천사들이 하늘을 날며 선포하네
때가 되었도다
주의 권능의 날이로다

동서남북에서 일어나는 제국의 왕들
하나 되어 하나님을 대적하도다

심판주께서 천군천사들 대동하고
하늘 구름 타고 내려오시니
흰옷 입은 주의 백성들
충성스런 주의 청년들이 맞이하도다

해골 골짜기에 시체가 가득하고
제국의 왕들 쓰러져 신음하는데

하늘에서 새 예루살렘성이 내려오며
천지가 하나 되어
부활의 뉴스 전하도다 할렐루야

※ 시편 110편(다윗의 시)을 각색하다.
원문은 시편에 수록된 메시아 예언 시 일곱 편(2, 16, 22, 24, 45, 72, 110)
중의 마지막 시로서 신약성경에 많이 인용되었다(마22:41-45 외).
※ 요한계시록의 예언 일부 내용을 합성하여 새롭게 묘사하다.

할렐루야(1)

할렐루야
하나님이 빛이 있으라 하니
그대로 빛이 있었죠

하나님이 선악과를 먹으면 죽으리라 하였는데
여자가 따먹었으나 죽지 않고 산고 치루었죠

이스라엘을 택하사 하나님 자신을 알리시고
출애굽과 광야생활과 가나안 정복을 통해
기이한 일을 행하시고 자신의 참모습을 보이셨죠

여인의 후손을 통해 만인에게 복을 주리라 약속하사
때가 되매 메시아 예수가 십자가에서 이루셨죠

생명나무가 세워지는 곳마다 복이 내리니
자유와 광명이요 이제야 빛이 내렸죠
할렐루야

※ 시편 111편(작자 미상)을 각색하다.
원문은 천지창조 등 하나님의 행하신 일을 찬양하는 시이다.
구약성경의 출애굽 사건 등 고대 이스라엘 건국과
신약성경의 메시아 예수의 십자가 사건을 통해
인류를 구원하시는 하나님의 기이한 시역을 묶어 시로 묘사함.

할렐루야(2)

할렐루야
하나님을 경외하고
그의 계명을 즐거워하는 자
참 복 되다

후손이 강성하고
부와 재물이 집에 있고
정의와 공의가 있으니
흑암 중에 빛을 발한다

은혜를 베풀며 나누어주니
흔들리지 아니하며 의인으로 남는다
흉한 소문을 두려워하지 아니하며
하나님을 평생 의지하며 산다

재물을 흩어 빈궁한 자들에게 주니
그의 뿔이 빛나나
악인은 한탄하며 소멸한다

※ 시편 112편(작자 미상)을 각색하다.
　　원문은 하나님을 경외하며
그의 계명을 즐거워하는 자가 누릴 복에 대하여 노래하고 있다.
원문에 충실하여 함축적으로 시를 묘사하였다.

할렐루야(3)

할렐루야
여호와의 종들아
여호와의 이름을 찬양하라

이제부터 영원까지
해 돋는 데서부터 해지는 데까지
여호와를 찬양하라

그는 모든 나라보다 높고
그의 영광은 하늘보다 크도다

그는 하늘 보좌에 앉으셨으나
아들을 사람으로 이 땅에 보내어
사람들을 섬기게 하시고
십자가에 피 흘려 죽게 하사
인류를 죄 가운데서 구하셨도다

성령을 보내사
이 땅에 교회를 세우신 하나님
그에게 감사하며 찬양하라

※ 신약성경 시편 113편(작자 미상)을 각색하다.
원문은 명절에 이스라엘 사람들이 모임에서 부르던 노래이다.
신약 교회에 비유하여 시를 각색하였다.

조선(朝鮮)

할렐루야
뭇 나라를 다스리시는 하나님을 찬양합니다

반만년 전(前) 조선을 세우시며
하나님이 기뻐하시고

마음 어진 단군을 불함에 낳으사
해 돋을 때 제사 드리게 하시니
양과 잉어일세

아침에 드리는 예물을 기뻐하여
나라 이름 지으니
조선(朝鮮)이로다

그가 불함에 임재하여
나라를 다스리시니
숱한 우여곡절과 연단 끝에
자유 대한(大韓) 이루셨네

※ 시편 114편(작자미상)을 각색하다.
※ 원문은 고대 이스라엘 건국 당시 하나님의 행하신 일을 크게 찬양하는 시이다.
※ 하나님은 우리 대한의 뿌리인
고조선을 세우실 때도 그렇게 하셨을 것을 믿고 비유하여 각색하였다.

하나님께 영광

자식 자랑 돈 자랑
세상 자랑할 게 무언가
모두 헛일이로다

자랑할 것이 있다면
모두 하나님께서 도와준 것이니
그분을 경외하며
영광을 돌리자

사람의 손으로 만든 우상
큰 귀에 이상한 눈 있어도
두툼한 입술에 코가 커도
우상은 우상이니 헛개비로다

천지를 지으신 하나님께서
복을 주시나니 땅에 거하게 하시며
하늘을 소망하게 하시니
복중의 큰 복이로다

※ 시편 115편(작자 미상)을 각색하다.
원문에서 시인은 우상을 숭배하지 말고 오직 하나님께 영광을 돌리라고 한다.
원문에 충실하고 함축하여 자유롭게 묘사하여 보았다.

구원의 찬양

하나님을 사랑합니다
지금까지 지켜주신 하나님을 믿고
찬양합니다

사망의 줄이 겹겹이 두르고
스올의 고통과 환란이 이르러도
하나님만 의지하여
예수 그리스도의 이름으로
기도하며 살겠습니다
하나님은 큰 은혜를 베푸셨으니
구원의 잔을 들고
사람들에게 증거하며 살겠습니다

하나님을 경외하는 자들
경건한 자들의 죽음은 하나님 보시기에
헛되지 않고 거룩하오니
남은 세월 하나님과 이웃을 섬기다
거룩한 죽음을 맞게 하소서
만만치 않은 인생길이오나
늘 기쁨으로 찬양하며
산제사 드리며 살겠습니다
할렐루야

※ 시편 116편(작자미상)을 각색하다. 원문은 불치병이나 죽음 같은 극심한
   고통에서 기도하여 구원받은 시인이 회중 앞에서 간증하며 하나님을
   탄양하는 시이다. 주제를 살려 함축적으로 각색하였다.

찬양 소리

세상 곳곳에서
구원의 소식 들리며
찬양 소리 들리네

여호와의 인자하심이 크고
진실하심이 영원하다
찬양 소리 들리네

하나님의 아들 구주 예수
인류 구원 위하여 십자가를 지셨다
찬양 소리 들리네

온 세상이 하나 되어
여호와의 인자와 진실하심을 전파하며
찬양 소리 들리네

※ 시편 117편(작자미상)을 각색하다.
원문은 두 문장으로 된 짧은 시이다.
신구약 성경에 나타난 〈메시아 중심 사상〉을 가미하여 각색하였다.

감사 축제

세상 사람들아 감사 찬양하세
교회 일꾼들아 감사 찬양하세
여호와의 선하심과 인자하심을

저는 내 편이시니
악한 자들 에워싸도 늘 건지시며
승리케 하시네

의인들의 장막에서 찬미 소리 들리니
여호와 오른손이 권능을 나타내사
죽지 않고 살아 그의 일을 선포하네

의의 문이 열리며 들어가는 성도들
성전의 모퉁이돌 보며
십자가 지신 메시아 예수를 찬양하네

저는 우리의 구주이시요 하나님이시라
온 인류를 구원하셨으니
세상 사람들아 감사 찬양하세

※ 시편 118편(작자미상)을 각색하다.
원문은 제사를 드리거나 축제를 경축하기 위해
성전으로 가면서 불린 찬송시로 추측된다. 원문에 충실히 함축적으로
모퉁이 돌이신 예수 그리스도(행 4:11)를 비유하여 각색하였다.

길

나아갈 길을 찾지 못해 헤매며
더군다나 사방이 함정이고
기도마저 막힐 때에도
우리는 여전히 말씀을 묵상하며
말씀에서 길을 찾아야 한다.

"주의 말씀은 내 발에 등이요
내 길에 빛이니이다."
(시 119:105)

제7부 | 예수님만 바라라

말씀대로(1)

여호와의 율법을 행하는 자는
참 행복합니다

그러므로 날마다 주 앞에 결단합니다
하나님의 말씀을 늘 가까이하며
묵상하고 읊조리며 선포합니다

광야에서 마귀가 시험할 때
예수님은 세 번이나 말씀으로
물리쳐 승리합니다

주의 계명은 터무니없는 욕망에서
지켜주며 마음을 자유롭게 하며
흑암 속에서 마음을 넓혀줍니다

예수님은 말씀으로 성육신하셨으니
다른 사람들 왕들과 고관들에게
생명의 말씀대로 힘차게 전합니다

※ 시편 119편 1-48절(작자 미상)을 각색하다.
원문에 충실하여 말씀이신 예수 그리스도를 비유하여
함축적으로 묘사하였다.

말씀대로(2)

하나님의 말씀의 권능이 크니
믿는 자에게 소망을 주며
고난 중의 위로와 삶의 원기가 되어
보석보다 나은 재산이요 노래로다

하나님은 지존이시니
말씀을 배우고 잊지 아니하여
지키는 자들과 친구가 되고
거울삼아 돌아보며 발길을 옮긴다

지난 일을 회고하니 말씀대로 선대하시니
흑암의 고난이 큰 유익이 되었으며
악한 자들 박해에도 능히 믿음을 지켰으니
말씀이 힘이요 천만 금보다 좋다

전능하고 온전하신 아버지께서 양육하시니
성도들이 변한 모습을 보고 기뻐하는데
야곱이 이스라엘 사울이 바울 되니
이 모든 것이 말씀의 권능이다

때로는 말씀을 깊이 사모하여 피곤하다
메시아 말씀 지켜 십자가 지시고
사도들 목숨 걸고 지키며 전파하니
천지와 만물이 말씀대로 순종한다

※ 시편 119편 49절-96절을 각색하다. 교회는 성령의 검인 하나님의
말씀으로 세워졌는바, 원문에 성경의 주인공인 예수 그리스도와 사도들을
비유하여 함축적으로 각색하였다.

말씀대로(3)

깊은 잠 속에
사랑의 왕 왈
내가 너에게 준
모든 것을 다오

무릎 꿇고 울며 왈
나의 생명의 왕이여
다 받으소서
내게 주신 모든 것을

다 드립니다
재산도 가족도 생명도
왕과 우리는 하나
말씀대로 하소서

※ 시편 119편 97 - 145절을 각색하다.
원문에서 시인은 하나님의 말씀을 얼마나 사랑하는지를 노래하면서
종일 작은 소리로 읊조린다고 하며,
지금 나의 고난이 극심한데 〈주의 말씀대로 나를 살아나게 하라〉고 기도한다.
※ 2022년 5월 26일 아내가 골절상으로 입원하여 힘들어하는 것을 보며
〈말씀대로 치료하소서!〉를 강조하며 자유롭게 각색하여 보았다.

메섹과 게달[※]

환란 중에 부르짖었더니
여호와께서 응답하셨네

거짓되며 속이는 자들이
둘레에서 내 생명을 노리네

무엇을 주고 어떻게 하면
속이는 혀가 거짓을 멈추리

천사의 날카로운 화살
로템 나무 숯불

인신매매하는 메섹
흑암의 게달
화(禍) 일어 머물 곳이 못 되니

평화를 미워하는 자들이요
싸움을 좋아하니 어찌 함께하리

※ 시편 120편을 쉽고 자유롭게 함축적으로 각색하다.
※ 메섹: 노아의 셋째 아들 야벳 족속, 노예를 매매함.
※ 게달: 이스마엘 후손으로 검은 천막에서 산다.

이상한 꿈

나우 병원 작은 방
세 여인이 멍하다

악귀들이
두 여인들 입을 출입하며
조롱한다

잠을 깨어 묵상한다
틀림없는 하나님 사인이다
순간 전화가 온다
한 여인이 어지럽단다
옆에 있던 여인은 넘어졌단다

급히 달려가니
주위가 어수선하다
악한 영의 작란이다

주위를 정돈하며 기도한다
말씀대로 악한 영과 싸운다
예수 이름으로 악귀를 물리치니
창문으로 냅다 도망한다
할렐루야

※ 시편 121편을 각색하다.
※ 아내가 실족하여 나우병원에 입원했을 때
이상한 꿈을 꾸고 비유하여 자유롭게 각색하다.

교회 사랑

친구가 와서
교회 가자고 하네
너무 기뻐서 손잡고 가네

예배당을 들어서며
거룩하신 하나님을
힘차게 찬양하네

거룩 거룩 거룩
성도들이 들어오며
너도나도 찬양하네

한가운데 사랑의 보좌
무지개 빛 찬란한데

교회 사랑하는 자
평안하고 형통하리

※ 시편 122편을 각색하다

은혜를 베푸소서

하늘에 계신 우리 아버지

엎드린 훈련병이
몽둥이를 든 교관의 손을 보듯이
자녀가 회초리를 든
아빠의 손을 주목하듯이

우리에게 은혜 베푸시길
기도합니다

사랑하는 딸이 실족하여
병원에 오니
무릎 척추뼈 아픈 사람들로
가득합니다

은혜를 베푸소서
말씀대로 은혜의 표적으로
남은 세월 실족치 않게 하시고
지키사 영광을 받으소서

※ 시편 123편을 각색하다
※ 아내가 부주의로 실족하여 병원에 입원하여
보호자로 함께하며 자유롭게 시작(詩作)을 하다.

교회의 사명

천지를 지으시고
인류를 다스리며
사랑을 바탕으로
열국을 감찰하는
영원한 주 하나님

수백의 나라 중에
동방의 작은 민족
복음을 기뻐하고
하나님 사랑하여
교회를 일구었네

말씀을 의지하여
온 세상 나라위해
주 예수 전파하니
하나님 말씀대로 자랐네
조국대한

※ 시편 124편을 한국 교회에 비유하여 각색하다.

의인의 복

예수를 믿는 자
성령 받고 거듭나
반석 위에 서니
시온 산이 절하네

주께서 의인들을 품고
생명싸개로 두르시니
세상 권세 잡은 자들
두렵지 않네

사악한 왕
의인을 건드리지 못하고
죄악이 범접치 못하니
주께서 선대하심이라

※ 시편 125편을 신약에 비유하여 각색하다.

해방의 기쁨

세상을 어지럽히던 하마에
하나님이 돌을 던지시니
눈에 맞아 빙빙도네

일장기 날리는 한반도
삼천리 반도 금수강산
만백성 태극기 행렬

교회의 종소리
온 땅에 퍼지고
만국에서 몰려오는 디아스포라
하나 되어 울며
기뻐서 하나님 찬양하네

때가 찼네
하나님
자유대한 세우셨네

※ 시편 126편을 자유롭게 조국에 비유하여 각색하다.

말씀대로 살자

우리 가정은 여호와 하나님을 믿는다
우주 만물을 만드시고 다스리며
인간의 생사화복을 다스리시는 분이다

그분을 믿으니
가정이 잘되고
대통령이 하나님을 경외하니
나라가 복되다

하나님 말씀대로 사니
형통하고
자녀는 하나님의 선물이요
가정의 보배이니
자녀가 많은 가정은 복 되다

태의 문을 여시는 이
여호와 하나님이시고
가정의 행복과 성패는
그분께 달렸으니
말씀 따라 살자

※ 시편 127편을 각색하다

믿는 자의 복

하나님을 잘 믿는 자
복되고 형통하다

하는 일들 마다 잘 되고
아내도 현숙하고
자녀들이 잘 크니
식사 시간이 즐겁다

고난 없이 영광 없다
때론 역경과 시련이 오나
그 후엔 더 큰 복이 온다

이것이 믿는 자의 복이다
교회가 잘 서니
나라도 부강하다

※ 시편 128편을 각색하다

6월의 기도

주님 아시죠
마곡에서 들리는
쾅소리요

강노괴수를 날려 보내고
약우의 손을 드소서

돌아보니
도적무리 지나는
금수강산을 짓밟고
요즘도 은근슬쩍하는
굶주린 사자의 눈매를 봅니다

사악한 저들의 이빨을 뽑으사
생명나무로 조국대한을
보호하소서

※ 시편 129편을 조국 대한에 비유하여 각색하다

예수님만 바라라

하나님 아버지
내 영혼의 깊고 깊은 곳에서
부르짖습니다

어찌 된 일인가요
환란을 당한 딸이
눈물만 흘리며
아버지만 바라봅니다

내 영혼을 살피니
악한 죄뿐이나
십자가에 달리신
예수님을 바라보며 외칩니다

내 영혼아
예수님만 바라라
조국 대한과 열국의 교회여
예수님만 바라라

※ 시편 130편을 현실에 비유하여 자유롭게 각색하다.
※ 원문의 표제는 〈성전에 올라가는 노래〉이다.

길

길을 가련다
겸손의 길을

갓 젖뗀 아기 마음으로
안개 자욱한
고요한 수목 길을

모든 것을 내려놓고
안개 속을 지나
하늘 길을

조국 대한이여
오로지 영원토록
여호와 하나님을 바라라

※ 시편 131편을 각색하다.
※ 원문은 3개 절로 된 간단한 시로서 겸손을 주제로 하고 있다.
아침고요수목원을 생각하며 자유롭게 각색을 하였다.

교회

왕이 되어
언약궤를 모시고
성전 짓기를 사모합니다

항상 겸비하여
항상 여호와 하나님 먼저이고
제사장들은 의로운 옷 입고
성도들의 우렁찬 노래 들리니

여호와 하나님이 맹세합니다
나의 규례를 지키면
네 후손이 네 왕위를
영원히 계승하리라

때가 되매 말씀대로
영원한 왕 메시아가 와서
온 누리에 교회를 세우니

가난한 자 복을 누리고
세상에 빛을 발하네

※ 시편 132편을 각색하다.
※ 원문은 표제가 〈성전에 올라가는 노래〉로 되어 있다.
※ 성전 짓기를 사모한 다윗왕을 생각하며 기독교에 비유하여 각색하였다.

형제 사랑

도망 다니며
헤매다
마침내 천년 동굴까지 오니

가족들이 먼저 오고
별별 사람들이
소문 듣고 옵니다

주 하나님 안에서
믿음 소망 사랑으로
한 가족이 됩니다

수백 명의 형제들이
사랑으로 하나 되어
사랑의 나라 이룹니다

※ 시편 133편을 각색하다.
※ 원문은 표제가 〈다윗의 시, 성전에 올라가는 노래〉로 되어 있다.
주제를 살려 함축적으로 자유롭게 현실에 비유하여 각색하였다.

그리스도인들이여

밤이나 낮이나
성부 성자 성령
삼위일체 하나님을
찬양하세

가정 직장 교회에서
산이나 들이나 길거리에서나
여호와 하나님을
찬양하세

무소부재하신
주께서 찬양을 들으시고
기뻐하사
복을 주시리

※ 시편 134편을 각색하다.
원문은 〈성전에 올라가는 노래〉로 표제가 되어 있다.
원문에 가깝게 개혁교회에 비유하여 자유롭게 각색하였다.

대한민국

할렐루야
여호와 하나님을 찬양하자

마지막 때에
조국 대한을 택하사
능력의 도구로 쓰시는
만군의 하나님을 찬양하자

어두운 영계와 광명의 세계를 다스리는
창조주를 찬양하자

때가 되매
조국 대한을 세계 만국의
배꼽이 되게 하시고
주위 열강들을 부끄럽게 하시니
감사 찬송을 부르자

조국 대한이여
다만 금은동으로 만든 우상은
이목구비가 있어도 헛것이니
오직 예수 그리스도에게 소망을 두자
그는 만국의 주인이시다

※ 시편 135편을 현실에 비유하여 자유롭게 각색하다.

감사 찬양 드리세

선하시고 자비가 영원하신 여호와 하나님
신들 중에 가장 탁월하신 신(神)이요
친히 크고 기이한 일을 행하신 이요
지혜로 하늘과 땅을 지으신 이시라

선하시고 자비가 영원하신 하나님 아버지
땅을 물 위에 펴시고 큰 빛을 지으신 이요
해로 낮을 주관하게 하신이요
달과 별들로 밤을 주관하게 하신이시라

이스라엘을 선택하사 자신을 나타내시고
때가 되매 아들을 인간으로 보내사
십자가에서 속제물로 삼으시고
인류를 사망의 저주 가운데서 구하셨도다

말씀대로 성령을 보내사 교회를 세우시되
서쪽으로 행진하며 마침내 한반도에 이르렀으니
한국을 복음의 등대요 반석으로 세우시고
제자들을 온 땅에 파송하니

이 모든 것이 여호와 하나님의 은혜로라
온 땅이여 우리를 구원하신 여호와 하나님
그분은 우리의 아버지이시니
우주만물이여 온 땅이여 아버지를 감사 찬양하자

※ 시편 136편을 자유롭게 현실에 비유하여 각색하다.

영원한 생명

수정 같이 맑은 생명수의 강을
그가 내게 보이시니
하나님과 및 어린 양의 보좌로부터 나와서
길 가운데로 흐르더라

강 좌우에 생명나무가 있어
열두 가지 열매를 맺되
달마다 그 열매를 맺고
그 나무 잎사귀들은
만국을 치료하기 위하여 있더라

(요한계시록 22:1-2)

하나님이시여

주님은 온 세상을 지으시고 다스리지요
노아의 홍수를 통해 하나님의 정의를 나타내시고
바벨탑 사건 통해 인간의 교만을 꺾으시고 흩으사
온 세상에 나라들을 세우셨지요

주님의 뜻을 모르고
나라들은 하나님을 떠나 우상을 섬겼지요

주님은 인류 속에서
한 사람 아브라함을 선택하시고
그의 후손을 이스라엘로 세우시며
말씀대로 메시아 예수님을 보내셨지요
그를 통해 하나님 나라가 온 땅에 세워지지요

주님은 아시아를 천국으로 만드시기 위하여
동방에 작은 등대를 세우셨지요
자유 대한민국이지요
속히 남북한이 자유평화통일 되어
말씀대로 지나를 넘어
온 땅에 메시아 복음을 전하게 하사
주님의 뜻을 이루소서

※ 시편 137편 원문은 바벨론에 포로로 잡혀간 유대인들의 처참한 상황을
　노래하는 시이다. 우리나라의 현실에 비유하여 각색하였다.

만국의 통치자들이여

만국의 통치자들이여
너희를 세우신 여호와 하나님을 찬송하라

그는 자비하시며 성실하심이 영원하시니
그의 말씀을 그의 이름보다 높게 하셨도다

이방인들이 그의 백성들의 죄악을 보며 조롱하였으나
때가 되어 회개하고 돌아와 반석 위에 서니
이 모든 것이 여호와 하나님의 일하심이라

이제 그가 그들에게 여호와 하나님을 자랑하니
저들이 시인하며 부끄러워하도다

주의 백성들이 그 앞에 겸비하며
가난한 자들과 함께하며 섬기니
주께서 저들을 귀하게 여기사
잊지 아니하시고 보상하시도다

만국의 통치자들이여
너희를 세우신 여호와 하나님을 찬송하며
그에게 영광을 돌리라

※ 시편 138편(다윗의 시)을 원문에 충실하여 현실에 비유하여 각색하다.

기이하네

기이하네
여호와 하나님께서 나의 모든 것을 아시네
나의 마음 깊은 곳도 아시네
그러니 비밀은 없네

기이하네
여호와 하나님께서 나의 가는 곳마다 계시네
새벽 날개를 달고
땅끝까지 가도 계시네

기이하네
여호와 하나님께서 내 마음에 계셔
희노애락을 주시며
그의 진리로 채우시네

기이하네
이 땅에 원수들이 가득하여
사악한 일을 일삼지만
내버려 두시네

여호와여 기도하나이다
주님의 의로운 길로
영원히 인도하소서

※ 시편 139편(다윗의 시)을 원문의 주제를 살려 함축적으로 각색하다.

악한 자들

은밀하게 악을 도모하는 자들아
정의의 여호와 하나님께서
너희를 보시느니라

서쪽의 붉은 용이
악을 행하니
온 세상이 비루스로 난리다

북쪽의 흑룡이
팔을 들어 뻗으며 돌리니
온 세상이 미쳐 모인다

하늘에서 정의의 사자가 내려와
붉은 용의 머리를 치니
빙빙 돌며 운다
흑룡을 치니 두 손을 든다

온 땅의 흰옷 입은 자들이
여호와 하나님께
영광 찬양을 돌린다

※ 시편 140편(다윗의 시)을 주제를 살려 현실에 비유하여 각색하다

지키소서

여호와 하나님 지키소서

입을 지키사
파수꾼을 세우소서
문을 잘 열고 닫게 하소서
필요하면 자갈을 물리소서
때론 실로 꼬매소서

마음을 지키사
악을 행하지 않게 하소서
행악자들과 식사도 하지 않게 하소서
의인이 욕을 해도 은혜로 여기게 하소서
심령이 가난하게 하소서

나의 삶을 지키소서
악한 자들이 무수한 사람들을 죽이나이다
내 눈이 항상 주께로 향하여 피하나이다
내 영혼이 풍요하게 하소서
악을 행하는 자들의 함정에서 벗어나게 하시고
저들이 자기 함정에 빠지게 하소서

※ 시편 141편(다윗의 시)을 원문에 충실하여 각색하다

호소하다

아아 하나님 아버지시여

사업이 부도로 망했어요
가정은 뿔뿔이 흩어졌어요
마침내 죽을 병이 들었어요

욥을 생각하며
좌절하지 않고
하나님을 의지하여 호소합니다

비록 꼼짝 못하는 신세이오나
여호와 하나님만 바라나이다
엔게디 동굴에서
다윗이 사울왕을 이기게 하신 것 같이
사업이 다시 일어나고
가정이 하나가 되고
몸도 건강하게 하실 것을 믿어요

여호와 하나님은
나의 산업이시오
가정의 주인이시며
죽을 병을 고치실 전능하신 의사시오니
주 여호와여 감사합니다
기도하며 구원의 날을 기다립니다

※ 시편 142편(다윗의 시)을 원문의 주제에 맞게 현실을 비유하여 각색하다

벼랑 끝에서

인생은 너무 힘들고
갈 곳이 없네요
천 길 낭떠러지 벼랑 끝에 섰어요

끝이 보이지 않아요
잠시 눈을 감으며
주님께 마지막 기도를 올려요

주님의 말씀에 귀를 기우려요
주님의 말씀이 들려요
내 아들아 수고했다
내가 너를 도우리라
뒤를 돌아보라

뒤를 돌아보니
가족들 친구들 친척들이 보입니다
웃으며 노래하며 옵니다
달려가지요

저 멀리 하늘 위에서
주님 웃으시며
손을 흔듭니다

※ 시편 143편(다윗의 시)의 주제를 살려 자유롭게 각색하다.

천년 왕국(1)

주여
6.25 전쟁 이후
북한 공산군은 우리 한국에 대하여
온갖 악한 짓을 서슴치 않았어요

한국군은 관용하여
저들을 용서하였고
악을 선으로 대하였으며
원수를 사랑하였어요

주님께서 세운 미국과 군사동맹을 맺고
주위 삼국의 공산군을 막으나
전쟁과 평화는 주님께 속하였으니
방패시며 구원이신 여호와 하나님께서
막아주소서

주여
말세에 세우신 나라 자유 대한민국
자유 통일 후 미국과 함께 G-2로 만드사
온 땅에 복음의 빛을 전하게 하시며
천년왕국 이루소서

※ 시편 144편(다윗의 시)을 주제를 살려 우리 현실에 비유하여 각색하다.

천년왕국(2)

광대한 우주를 통치하시는 여호와 하나님을 찬양합니다
날마다 주의 이름을 찬양합니다
대한민국을 세우신 위대하신 여호와 하나님을 찬양합니다

로마 제국을 무너뜨리신 주님의 능력을 선포합니다
선교사를 파송하여 복음 한국을 세우신 주님을 묵상합니다
복음을 받은 사람들은 예수 그리스도의 제자가 됨을 기뻐합니다

세상이 왕의 왕이신 예수 그리스도께 굴복하였음을 선포합니다
예수 그리스도만이 구원이시니 그의 의를 세상이 노래합니다
지옥이냐 천국이냐가 예수 그리스도에게 달려 있습니다

찬양 받으시기에 합당하신 여호와 하나님을 영원토록 노래합니다
성도들이 일어나 하나님 나라의 영광을 천하만국에 전파합니다
통일 한국을 세운 하나님께서 온 땅에 복음의 빛을 비추십니다

풍악이 울리며 주의 말씀을 세계 만민이 노래합니다
하나님 아버지께서 악인들을 다 멸하시니
온 땅에 기쁨이 가득하며 천년왕국 이룹니다

※ 시편 145편(다윗의 찬송시)을 원문에 충실하여
답관체 형식으로 현실에 비유하여 자유롭게 각색하다

천년왕국(3)

할렐루야
내 영혼아 그 이름이 여호와이신 사랑의 하나님을 찬양하라
인생들아 한평생 시간 있을 때 여호와 하나님을 찬양하세
돈 있는 자나 권력자는 언젠가는 흙이 되리니 결코 의지하지 마라
오직 여호와 하나님을 의지하고 소망을 두는 자가 복을 누리리

여호와 하나님은 하늘과 땅 우주만물을 짓고 다스리는 주님이시니
억압받는 자들과 가난한 자들을 도우시며
갇힌 자들에게 자유를 주시며
소경들의 눈을 여시며
비굴한 자들을 일으키시리

여호와 하나님은 영원히 진실하시니
의인들을 사랑하시며
나그네들을 보호하시며
고아와 과부들을 품어 주시나
악한 자들은 망하게 하시리

세상 만민들아
여호와 하나님은 만유의 주재이시니
영원히 다스리시고
대대로 통치하시니
천년왕국 이루리
할렐루야

※ 시편 146편(작자미상)을 거의 원문에 충실하여 자유롭게 각색하다

할렐루야

할렐루야
만국 백성들아 여호와 하나님을 찬양하라
그가 나라를 세우시고 민족들을 모으시며
아픈 자들을 고치시고 싸매시며
하늘의 별들을 세시며 이름을 부르시고
능력과 지혜가 무한하시니
겸손한 자들은 붙드시고 악한 자들은 땅에 쳐박으신다

온 땅이여 여호와 하나님을 찬양하라
그는 구름으로 하늘을 덮으시고 땅을 위해 비를 준비하시고
산에 풀이 잘 자라게 하신다
들짐승과 까마귀에게 먹을 것을 주시고
말의 힘이 세다고 사람의 다리가 힘이 있다고 기뻐하지 않고
하나님을 경외하는 자들과 자비를 바라는 자들을 기뻐하신다

조국 대한이여 여호와를 찬양하라
그가 네 문빗장을 견고히 하고 네 자녀들에게 복을 주시며
네 가정에 평안을 주고 맛있는 것으로 배불리신다
명령을 땅에 내리시니 말씀이 속히 달린다
눈을 양털 같이 내리시고 서리를 재같이 흩으시고
우박을 떡 부스러기 같이 뿌리시니 누가 능히 추위를 견디리
여호와께서 말씀을 보내어 녹이시고
바람을 불게 하시니 물이 흐르며
말씀을 제자들에게 가르치고 복음을 온 땅에 전하니
천년왕국 이루리 할렐루야

※ 시편 147편(작자미상)을 원문 중심으로 현실에 비유하여 각색하다.

우주 만물의 합창

할렐루야
높으신 보좌 앞에
하나님 아버지와 어린 양 예수께서 일어나 계십니다
천사장 미가엘이
주 예수 그리스도의 나라 천년왕국을 선포합니다

동시에 우주적 합창이 시작됩니다
놀라운 무지개 빛 속에 하늘들의 기막힌 찬양 속에
천천만만의 천사들과 군대들이 악기를 연주합니다
해와 달과 별들이 십자가를 그리며 노래합니다
하늘 위의 물들이 아름다운 소리를 내며 찬양합니다
만유를 지으신 대 주재여 영광과 찬양을 받으소서
우리를 다스리소서

용들이 돌아와 바다와 땅과 함께 여호와 하나님을 찬양하니
불과 우박이 함박눈과 짙은 안개와 태풍이 찬양하며
모든 산들과 과목과 백향목이 찬양하며
짐승과 모든 가축과 기는 것과 나는 새들이 찬양하며
세상 왕들 대통령들 모든 백성들 고관들 재판관들이 찬양하며
총각 처녀 노인 아이들이 여호와 하나님을 찬양하니
이는 그의 이름이 홀로 높으시며
그의 영광이 천지 위에 뛰어나심이다
그가 백성들의 뿔을 높이시고
그를 가까이 하는 그리스도인 제자들의 찬양을 받으리
할렐루야

※ 시편 148편(작자미상)을 원문에 충실하여 자유롭게 각색하다

만백성의 합창

할렐루야
새 노래로 여호와 하나님을 찬양합니다

모든 나라가 창조주 하나님을 기뻐하며
하나님께서 세우신 왕을 기뻐하며 웃습니다

만백성이 하나님께 나아와 다같이 찬양하며
모든 악기로 연주합니다

성도들이 침상에 누워 찬양합니다
그들의 손에는 두 칼이 있어
악한 자들을 멸합니다

하나님께서 그의 백성들을 기뻐하여
영광의 면류관을 줍니다
할렐루야

※ 시편 149편(작자 미상)을 원문에 충실하여 자유롭게 각색하다

하나님의 악기

할렐루야

나는 하나님의 악기입니다

그분은 우주 어디나 계시니

어디서나 그 분을 연주합니다

천지창조하심을

십자가를 통하여 인류를 구원하심을

찬양합니다

산 제사를 드리며

몸과 영혼이 다하기까지

찬양합니다

할렐루야

※ 시편 150편(작자 미상)의 원문에 충실하여
　　현실에 비유하여 각색하다.

삶으로 각색한 하나님의 은혜

전담양
(목사, 시인, 한국목양문학회장)

개인적으로 지인이나 다른 작가들의 작품에 대한 평가나 지적하는 일을 좋아하지 않습니다.

짧은 詩 한편, 일상의 소소한 에피소드가 담겨있는 에세이와 산문들 그리고 글들 속에는 작가의 인생과 소신, 생각과 경험들이 담겨있기 때문입니다.

조용한 재즈 피아노의 음악이 흐르는 카페에 앉아 바리스타가 정성스레 내려주는 한 잔의 커피를 마시는 것처럼 삶을 이야기하는 작품 안에는 독특한 향기가 있습니다.

그러나 내가 오늘 나광화 시인의 〈하나님의 詩〉라는 작품을 읽고 생각하며 이 작품을 평하는 것은 평가하기 위함이 아닙니다. 바라고 원하는 것은 인생에 다시 오지 않는 귀한 시간의 흐름 속에서 이 책을 읽고 있는 누군가에게 나광화 시인이 쓴 이 작품들이 따스한 향과 맛, 그리고 바래지 않는 하나님의 은혜가 있음을 알려주기 위함입니다.

그렇다면 나광화 시인은 어떤 사람인가?

나광화 시인은 2018년, 25년간의 목회의 짐을 내려놓고, 2019년도부터 3년간 은퇴 목사로서 성남문예대학에서 청소년 시절 꿈이었던 시, 수필, 소설을 공부하였습니다.

2021년도에 계간지 〈한국작가〉 가을호에 詩로 등단하고 꾸준히 시를 쓰며, 2022년 1월에 1호 시집 〈은하수〉를 발간하였습니다.

개인적으로 나광화 시인을 만나 대화를 나누고, 그의 작품을 읽으면서 느낀 것은 '겸손과 탁월함, 어린아이 같은 순수함, 사랑하는 아이의 해어진 옷을 한 땀 한 땀 꿰매는 어머니의 섬세함'이었습니다.

긴 세월 동안 예수 그리스도 십자가의 복음을 전하면서 예수님 닮은 인품과 겸손, 짧지 않은 시간 시와 수필, 소설을 공부하며 탁월한 작가의 솜씨를 가졌음에도 드러내려 하지 않고, 모든 작품 속에 담겨진 한 단어 한 단어가 서로 하모니를 이루며, 감동을 주는 작품들을 써 내려가는 요즘 세상에 보기 드문 작가라고 생각합니다.

내가 〈하나님의 詩〉를 읽어가면서 느꼈던 감상은 삶 속에서 성령님과 함께 깊은 영적 묵상을 통하여 시편에 대한 탁월한 이해와 영적 통찰이었습니다.

그리고 오래전 믿음의 선조들이 쓴 시편들을 통하여 오늘의 현실이라는 렌즈를 대어 과거 사람들의 삶에 역사하신 하나님이 오늘도 살아계셔서 통치하시고, 다스리시며, 역사하신다는 희망의 복음을 보여준다는 것입니다.

예로서 시편 123편의 원문은 이러합니다.

[성전에 올라가는 노래]
하늘에 계시는 주여
내가 눈을 들어 주께 향하나이다
상전의 손을 바라보는 종들의 눈같이
여주인의 손을 바라보는 여종의 눈같이
우리 눈이 여호와 우리 하나님을 바라보며
우리에게 은혜 베풀어 주시기를 기다리나이다
여호와여 우리에게 은혜를 베푸시고 은혜를 베푸소서
심한 멸시가 우리에게 넘치나이다
안일한 자의 조소와 교만한 자의 멸시가
우리 영혼에 넘치나이다

작가는 위 시를 아래와 같이 각색하였습니다.

은혜를 베푸소서
하늘에 계신 우리 아버지
엎드린 훈련병이
몽둥이를 든 교관의 손을 보듯이
자녀가 회초리를 든 아빠의 손을 주목하듯이
우리에게 은혜 베푸시길 기도합니다
사랑하는 딸이 실족하여
병원에 오니
무릎 척추뼈 아픈 사람들로 가득합니다
은혜를 베푸소서
말씀대로 은혜의 표적으로
남은 세월 실족 않게 하시고
지키사 영광을 받으소서

* 시편 123편을 각색하다
* 아내가 부주의로 실족하여 병원에 입원하였다.
  보호자로 함께하며 옆에서 자유롭게 시작(詩作)을 하였다.

시인은 하나님의 은혜를 사모하는 詩인 시편 123편을 먼저 깊이 묵상했습니다.

그러나 그의 시선은 과거에만 머물러있지 않고 현재 자기 현실 속의 상황 속으로 끌고 와서 사랑하는 아내의 고통이라는 문제와 만나게 하고, 어느 무대 위에 소프라노, 테너 두 남녀 가수가 서로를 바라보며 노래를 하는 것처럼 하나님의 은혜로 서로 소통하게 합니다.

보통 원래 있던 작품들을 각색하다 보면 원작품의 진짜 의미와 그 깊이와 느낌을 제대로 살리지 못하는 경우가 많은데 나광화 시인은 시편의 본래 느낌은 많이 해치지 않으면서도 포스트 코로나의 힘든 시대를 살아가는 사람들에게 위로와 공감을 주는 작품들을 써 내려가고 있습니다.

모두가 애송하는 시편 23편을 살펴보면,

[다윗의 시]

여호와는 나의 목자시니
내게 부족함이 없으리로다
그가 나를 푸른 풀밭에 누이시며
쉴만한 물가로 인도하시는도다
내 영혼을 소생시키시고
자기의 이름을 위하여
의의 길로 인도하시는도다
------ (중략) ------

주께서 내 원수의 목전에서
내게 상을 차려 주시고
기름을 내 머리에 부으셨으니
내 잔이 넘치나이다
내 평생에 선하심과 인자하심이
반드시 나를 따르리니
내가 여호와의 집에 영원히 살리로다

작가는 위 시를 아래와 같이 각색하였습니다.

[사랑의 목자]

여호와는 나의 목자이시니
내게 부족함이 없어요
나를 푸른 풀밭에 누이시고
쉴만한 물가로 인도하셔요
성령을 부으사 내 영혼을 새롭게 하시고
그의 이름을 위하여 의의 길로 인도하시니
사망의 음침한 골짜기를 다녀도
두렵지 않아요
지팡이와 막대기로 보호해 주시고
원수 앞에서 만찬을 베푸시며
천국 일꾼 삼으시니 너무 기뻐요
아버지의 무한한 사랑 속에
복음의 바다에 성도들과 함께 살며
맡겨주신 일을 성실히 잘해요

> * 너무나 유명한 시편 23편(다윗의 시)을
> 원문에 충실하여 자유롭고 평이하게 각색하다

시편 23편은 모든 사람이 다 암송할 정도로 유명한 시입니다.
이런 시를 각색하고 다시 쓰는 것 자체가 쉽지 않은 일입니다.
시편 23편에 대한 사람들의 애정과 기대가 높아 각색한 시를
바라보는 사람들의 눈높이도 결코 낮지 않기 때문입니다.

때문에 나광화 시인은 각색한 23편의 내용 서두에서 원작의
대부분을 그대로 인용하면서도 '천국 일꾼', '아버지', '복음의
바다'와 같은 단어들, '너무 기뻐요', '두렵지 않아요'와 같이
어린아이 같은 순수한 표현들을 담아서 읽는 독자들이 쉽게
공감할 수 있도록 재창조하였습니다.

천국 복음을 쉽게 전파하시기 위하여 하늘을 나는 새와 들에
핀 백합화로 비유를 드신 예수님의 모습이 느껴져서 마음이
참 따뜻해졌습니다.

프랑스 시인 〈로제 카이유〉의 일화를 아십니까?
프랑스 파리의 미라보 다리 위에서 어떤 맹인 거지가 "저는
태어날 때부터 맹인입니다."라는 팻말을 목에 걸고 구걸을 하
고 있었다고 합니다.
시인은 그 거지에게 다가가서 물었습니다.
  "이렇게 구걸해서 하루에 얼마나 법니까?"

그러자 그 맹인은 침통한 목소리로 "겨우 10프랑 정도입니
다."라고 대답했다고 합니다.
그 말을 들은 시인 카이유는 맹인의 목에 걸려있던 팻말을
뒤집어서 어떤 말을 적었습니다.
그렇게 한 달이 지났을 때 이 시인이 다시 그 맹인을 만났습니다.

맹인은 감격하면서 이렇게 말했습니다.

"선생님! 참 고맙습니다. 선생님이 다녀가신 후로 요즘에는 하루에 50프랑까지 수입이 늘어났습니다. 도대체 무슨 글을 써놓으셨기에 이런 놀라운 일이 생기는 겁니까?"

그러자 시인은 빙그레 웃으며 대답했다고 합니다.

"별다른 것 아닙니다. 당신이 목에 걸고 있던 팻말 뒷면에, '봄이 오건 만 저는 그것을 볼 수 없답니다.'라고 써놓았을 뿐입니다."

오늘도 세상에는 수많은 말과 글들 정보들이 사람들의 입과 입, 소문을 타고 흐르고 있습니다.
어떤 사람에게는 그 말과 소문이 날카로운 칼처럼 다가와 상처가 되고 아픔이 됩니다.
너무나 중요한 지혜임에도 빛이 바래고 잊혀집니다.

그러나 오늘 나광화 시인이 우리에게 수줍은 듯 내미는 〈하나님의 詩〉 안에는 우리네 인생 속에 슬퍼하고 눈물 흘리며 상처받고 지친 영혼들을 위로하는 시인의 삶으로 각색한 하나님의 은혜가 가득합니다.

오늘 당신 마음의 뒤편을 시인에게 맡겨보지 않겠습니까? 마음이 참 따뜻해집니다.

하나님의 시

지은이 **나 광 화**
펴낸이 **나 상 만**
만든이 **권 은 주**

발행처 도서출판 아이네오
주　소 서울시 관악구 국회단지 15길 3(1층 1호)
전　화 02) 3471-4526
등　록 2008. 11. 24. 제2020-000031호

1판 1쇄 만든 날 2024. 01. 05.
1판 1쇄 펴낸 날 2024. 01. 10.

값 **12,000원**

03230
9 791185 637471
ISBN 979-11-85637-47-1